新教师职业发展丛书

XINJIAOSHI

ZHIYE FAZHAN

CONGSHU

U0570708

教师必读书
100 部

本书编写组◎编

石　柠　于　始　欧阳秀娟◎编著

JIAOSHI BIDUSHU

100 BU

　　高素质的教师不仅应该是有知识、有学问的人，而且还必须是有道德、有理想、有专业追求的人，不仅是高起点的人，而且是终身学习、不断超越自我的人；不仅是专业学科领域的专家，而且是教育科学的专家。

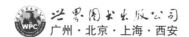

世界图书出版公司

广州·北京·上海·西安

图书在版编目（CIP）数据

教师必读书 100 部／《教师必读书 100 部》编写组编
.—广州：广东世界图书出版公司，2010.4（2024.2 重印）
ISBN 978 - 7 - 5100 - 2012 - 4

Ⅰ.①教… Ⅱ.①教… Ⅲ.①教育学 - 著作 - 简介 -
世界 Ⅳ.①G40

中国版本图书馆 CIP 数据核字（2010）第 050053 号

书　　名	教师必读书 100 部
	JIAO SHI BI DU SHU 100 BU
编　　者	《教师必读书 100 部》编写组
责任编辑	柯绵丽
装帧设计	三棵树设计工作组
出版发行	世界图书出版有限公司　世界图书出版广东有限公司
地　　址	广州市海珠区新港西路大江冲 25 号
邮　　编	510300
电　　话	020-84452179
网　　址	http://www.gdst.com.cn
邮　　箱	wpc_gdst@163.com
经　　销	新华书店
印　　刷	唐山富达印务有限公司
开　　本	787mm×1092mm　1/16
印　　张	13
字　　数	160 千字
版　　次	2010 年 4 月第 1 版　2024 年 2 月第 4 次印刷
国际书号	ISBN　978-7-5100-2012-4
定　　价	59.80 元

光辉书房新知文库
"教师职业发展"丛书编委会

"光辉书房新知文库"

总策划/总主编:石　恢

副总主编:王利群　方　圆

本书作者

石　柠　于　始　欧阳秀娟

序：教师职业发展的终生要求

20世纪60年代中期以来，许多国家对教师"量"的急需逐渐被提高教师"质"的需求所代替，对教师素质的关注达到了前所未有的程度。进入本世纪以后，教师专业化已经成为世界性的潮流。高质量的教师不仅被要求是有知识、有学问的人，而且还必须是有道德、有理想、有专业追求的人；不仅是高起点的人，而且是终身学习、不断自我更新的人；不仅是专业学科领域的专家，而且是教育科学的专家。

教师这个职业尽管非常普通，但却又具有非常特殊的意义。

首先，教师这个职业所面临的对象，是活生生的人，而不是无生命的物质，是正在成长中的儿童青少年。教师的职责就在于，把未成年人培养成为社会所需要的、有鲜明个性的人才。虽然以人为工作对象的职业很多，比如医生、律师等，但他们服务的时间很短，服务内容也很有限。可是教师不一样，他的工作对象众多，服务时间相对较长，服务内容广泛、全面。

其次，教师以自身作为教育手段来实施教育。教师自己的知识、经验、人格、素养，就是对学生进行教育的材料，更是教育学生的手段，离开了教师这一最生动的教育手段，其他的手段，即便再先进，其教育的效果也要大打折扣。古往今来，对教师这一职业都具有双重的要求，即"教书育人"。孔子十分重视师德修养，他说："其身正，不令而行。其身不正，虽令不从""不能正其身，如何正人？"随着社会的发展，教师不仅要"传道、授业、解惑"，而且要"身正垂范"。教师的言传身教对学生的学习、品德和行为的发展起着重要的作用。换句话说，教师是学生最直接的学习与生活的模范和榜样。一个优秀的教师往往是学生崇拜和模仿的对象，他的思想、品行、情感、意志力、人格特征对学生会产生潜移默化的影响，甚至直接影响学生将来的发展。

再次，教师担任学生保健医生的角色。目前，素质教育要求全面提高学生的思想道德、文化科学、劳动技能和身体心理素质，促进学生全面健康地发展。而在学生的整体素质中，心理素质本身占有重要的地位，心理素质的好坏影响着其他素质的发展和提高。因此，教师作为教育活动的组织者和实施者，还担负着学生心理健康教育的重任。

最后，教师是一个需要终身发展的职业。随着社会的发展，特别是科学技术与信息技术的迅猛发展，教师职业将处于不断变化和发展之中，那种一旦成为教师就可以一劳永逸的思想与时代的发展越来越不相吻合，教师职业已经成为终身发展的过程，社会的发展需要教师不断地自我更新知识。教育家吕型伟曾说过："教育是事业，事业的意义在于献身；教育是科学，科学的价值在于求真；教育是艺术，艺术的生命在于创新"。他的这番话道出了教师职业终身发展过程的本质。

总之，教师要合格地履行自己的专业角色，就必须具备良好的专业品质和素养，关注自己的职业发展。抓住机遇，迎接挑战，是每一位教师必须面对的重要问题！

本丛书编委会

Contents 目 录

其 他

《理想国》

柏拉图

柏拉图（约公元前427年~前347年），古希腊人，苏格拉底的学生，亚里士多德的老师。西方哲学乃至整个西方文化史上最伟大的哲学家和思想家之一。公元前387年，他在雅典城外西北郊的圣城阿卡德米创立了阿卡德米学院（Academy），这是西方文明最早的有完整组织的高等学府之一，也是中世纪时在西方发展起来的大学的前身。此后执教40年，直至逝世。柏拉图才思敏捷，研究广泛，著述颇丰，其主要哲学思想都是通过对话的形式记载下来的。以他的名义流传下来的著作有24篇，另有书信4封，主要包括《伊壁鸠鲁篇》、《苏格拉底的申辩》、《斐多篇》、《法律篇》、《理想国》等。

《理想国》又译作《国家篇》、《共和国》等，是柏拉图最重要的著作，也是西方知识界的必读书。该书内容丰富，全书分为十卷，涉及国家专政问题、独裁问题、正义非正义问题、善与恶问题、教育问题以及男女平权等诸多问题。此书在哲学史乃至人类思想史上有着广泛而深远的影响。它不仅对此前的唯心主义哲学思想作了最为完整系统的表述，而且在人类思想史上第一次提出了一个完整系统的理想国家方案，构成了以后各种作为社会政治理想而提

1

出的乌托邦方案的开端。此书还提出了以培养哲学王为目的、以灵魂转向说为核心的教育思想，并制定了一整套实施这种教育的课程体系，这本书也被认为是西方教育史上的三大里程碑之一。

在这本书里，柏拉图指出，良好的教育可以培养出良好的公民，培养出社会所需要的医生、法官等专业人才，并能使一个国家的人性得到改造，使人们成为有理性和健全人格的人。这是国家的执政者所要考虑的大事。

柏拉图认为，教育的目的并非把知识灌输到人们的头脑中去，而是要使人的灵魂转向。获取知识是人天生的能力，但是只有当人的整个身体和灵魂转变方向，从黑暗的王国转到光明的国度时，人们才能看到实在，认识真理和善的理念；否则，人们便如洞中的囚徒，永远生活在影子的虚幻世界里。教育的最高和根本任务就是使人挣脱枷锁，转离黑暗和影子，转向光明和实在，从而认识最高的理念——善。

柏拉图吸收和发展了智者的"三艺"及斯巴达的军事体育课程，也总结了雅典的教学实践经验，在教育史上第一次提出了"四科"（算术、几何、天文、音乐）的概念，其后便成了古希腊课程体系的主干和导源，支配了欧洲的中等与高等教育达1500年之久。柏拉图认为，每门学科均有其独特的功能，文法和修辞是研究哲学的基础；算术是为了锻炼人的分析与思考能力；学习几何、天文，对于航海、行军作战、观测气候、探索宇宙十分重要；学习音乐则是为了培养军人的勇敢和高尚的道德情操。同时，他还很重视选择和净化各种教材，如语言、故事、神话、史诗等，使其符合道德要求，以促进儿童心智之发展。他主张身心和谐发展，这些体育思想也对后世体育的发展有深远的影响。

为了发展理性，他设立了全面而丰富的课程体系，以学生的心理特点为依据，划分了几个年龄阶段，并分别授以不同的教学科目，其具体要求是：0～3岁的幼儿在育儿所里受到照顾。3～6岁的儿童在游乐场内要受到保姆的监护，会集在神庙里，进行游戏、听故事。7岁后，儿童开始学习军人所需的各种知识和技能，包括读、写、算、骑马、投枪、射箭等等。17～20岁的青年升入国立的"埃弗比"接受军事教育，并结合军事需要学习"四科"知识。从20～30岁，那些对抽象思维表现特殊兴趣的学生进一步学习"四科"，以锻炼他的思考能力，使他开始探索宇宙的奥妙。30岁以后，优秀的学生还需经过5年哲学研究，才可以成为统治国家的哲学王。由此形成其相对完整的金字塔形的教学体系。

在教学过程中，柏拉图始终是以发展学生的思维能力为最终目标的。他认为关于理性的知识唯有凭借反思、沉思才能真正融会贯通，达到举一反三。感觉的作用只限于现象的理解，并不能成为获得理念的工具。因此，教师必须引导学生心思凝聚，学思结合，从一个理念到达另一个理念，并最终归给为理念。教师要善于点悟、启发、诱导学生进入这种境界，使他们在"苦思冥想"后"顿开茅塞"，喜获"理性之乐"。这与苏格拉底的助产术有异曲同工之妙。

在教学方法上，柏拉图师承苏格拉底的问答法，把回忆已有知识的过程视为一种教学和启发的过程。他反对用强制性手段灌输知识，提倡通过问答形式，提出问题，揭露矛盾，然后进行分析、归纳、综合、判断，最后得出结论。

《雄辩术原理》

昆体良

昆体良（约 35～100），古罗马律师、雄辩家、教育家。公元70年，他开始主持罗马拉丁语雄辩术学校，成为罗马教育史上第一位公职教师。并为这所学校倾注了大量的精力和心血，直到公元90年退休。在此期间，他还同时承接法庭辩护的业务，这使得他在教学中将理论与实践结合起来，用做律师的丰富经验充实教学内容，又以教育实践丰富他的教育见解。退休后，昆体良一心致力于著书立说，将自己多年来的教学实践经验系统总结，提出了自己的教育思想。主要著作有《雄辩术原理》、《论罗马雄辩术衰落的原因》等。

《雄辩术原理》又译作《雄辩家的教育》、《演说术原理》、《论雄辩术的培养》等。全书共12卷，主要探讨有关雄辩术的各种理论问题，系统总结了作者一生丰富的教育实践经验，针对罗马教育当时存在的各种弊端，较为全面地提出了雄辩家教育的基本原则和设想，尤为详尽地阐明了有关教学的理论。它既是古代希腊以来雄辩术研究成果的集大成者，也是古代教育思想的集大成者。书中提出的关于重视早期教育、关于重视对儿童心理的研究、关于对老师素质的重视等主张，在今天看来也是极具借鉴意义的。

昆体良把培养"善良的精于雄辩的人"作为教育的目标。他认为一个雄辩家首先应该是一个善良的人，即有德行的人。对于雄辩家来说，才能与德行是相互联系，缺一不可的。从某种程度上来说，德行甚至比才能更为重要。这是因为，如果以雄辩的才能去支持罪恶，那么无论从私人的还是公众的角度，没有什么东西比雄辩术更为有害的了。而教师如果只是致力于培养人的雄辩才能而忽视对德行的培养，就无异于给强盗提供武器。

昆体良认为大多数人都具有基本相同的天资禀赋，都能敏捷地思考、灵敏地学习。真正天生愚钝而不可教的人，是极为少见的。另一方面，人生而具有的天赋才能不应受到忽视，但是必须对这种天赋加以培养，还要补充一些天性中所缺少的东西。教育的作用正在于此，一个完美的雄辩家，并不是由其天性造成的，而主要是由良好的教育造就的。

在《雄辩术原理》中，昆体良提出了一个从学前教育到高等教育的完整的教育过程，主要包括四个阶段：家庭教育、初级学校、文法学校和雄辩术学校。

昆体良认为，家庭教育的主要内容是道德教育和知识教育。对婴幼儿的道德教育，主要不是依靠道德规范的讲授，而是通过父母、教师和保姆的积极影响来进行的。初级学校的主要教学内容应该是阅读、书写，同时进行道德教育，以培养学生无私、自治等品德。

文法学校的主要任务是为雄辩术教育作直接的准备。因此，文法学校开设的课程大多与雄辩术直接相关，如文法、音乐、几

何、天文、哲学以及希腊语、拉丁语等等。其中文法是最主要的课程，它包括两个部分，即正确说话的艺术和正确书写的艺术，这二者又以广泛的阅读为基础。阅读的内容包括古希腊、罗马的文学道德和哲学著作。

雄辩术学校是直接培养雄辩家的机构。为了更好地掌握雄辩术，学生应当学习与雄辩术相关的广泛知识，其中主要包括：辩证法（逻辑）、伦理学、物理学（自然哲学）。此外，雄辩术学校应把道德教育作为重要内容，以使学生逐步养成各种美德。

昆体良是班级教学制的拥护者。他充分论证了对学生进行集体教学，较之教师个别辅导，具有无比的优越性。他认为实行这种教学组织形式，不但教师一次可以教许多学生，节省时间与精力，而且学生也可以在与其他同学的共同学习和交往中，接受良好榜样的影响，从教师对别人的批评和表扬中，受到警惕和鼓励。

昆体良是量力性原则的最早倡导者。他认为一个优秀的教师要在深入观察、了解学生的个性及能力的基础上，节制自己的力量，俯就学生的能力。既要避免要求学生做力不能及的事，又不可让学生放弃力所能及的课业。为防止学生因学习负担过重而造成的疲劳，昆体良主张学习与休息相间，使学生的精力得以恢复。

昆体良另一个重要的见解是反对体罚。他强调运用奖励的方法，认为对儿童加以赞扬、给予荣誉，能够起到激励的作用，促进儿童的发展。

《教育漫话》

约翰·洛克

约翰·洛克（1632～1704），英国哲学家、政治家和教育家。曾在牛津大学求学和任教。1665 年，被任命为英国驻德国大使馆秘书，进入外交界。1666 年，结识莎夫茨伯里伯爵，成为伯爵的好友兼助手，随后步入政坛。1675 年，到法国住了三年，结识很多重要的思想家。后又回到伯爵身边担任秘书。1682 年莎夫茨伯里伯爵因卷入一次失败的叛乱而逃往荷兰，洛克随行。1700 年，隐居于阿兹。主要著作有政治学著作《政府论》（上、下篇）、教育著作《教育漫话》、哲学名著作《人类理解论》，和关于宗教、信仰的著作《论宽容的第一书简》、《论宽容的第二书简》等。

《教育漫话》是洛克在 1682～1688 年跟随莎夫茨伯里伯爵在荷兰避难时与朋友爱德华·克拉克讨论儿童教育问题的书信的结集，于 1693 年出版。此书的主要目的是帮助英国上流社会家庭用"最容易、最简捷"的方法培养绅士，内容涉及教育的作用和目标、教育方法、教师问题等诸多方面，被誉为标志西方哲学、社会和教育思想的主要转折点和 17 世纪学校教育的大宪章。其绅士教育思想对 18 世纪法国的启蒙思想和德国理性主义的教育思想，以及 19 世纪英国的实科教育思想都产生了深远的影响。该书出版

300多年来一直作为近现代英美文化的瑰宝，至今仍然是英美教育学界的重要研究对象，也仍然是欧美各国教育工作者和父母的必读之书，是近代英美教育思想史上的一本奠基性著作。

洛克在书中明确提出：教育的目的在于培养绅士。绅士应具有"德行、智慧、礼仪、勇敢、公正、节制和学问"这几种品质。他强调说："我们英国在世界上是一个有地位的国家，原因是我们有德行、本领和学问。"所以，他劝告富裕人家说，为了把自己的子弟培养好，一定"要把子弟的幸福奠定在德行与良好的教养上面，那才是唯一可靠的和保险的办法"。

洛克十分重视教育的作用，尤其是重视教育在形成人的过程中的作用。他认为人的好坏或有无用处，十之八九都是由所受的教育决定的，教育能够改变人的发展方向。好的教育能让人形成良好的品性，不好的教育会使人形成懒惰、矫揉造作的作风。

洛克将教学的内容明确的区分为德育、智育、体育三项，并提出了实用的教育方法。洛克认为，健康的心智属于健康的身体，人只有拥有健康的身体才有幸福可言；同时，要想功成名就，也要有健康的体魄。强健身体的主要标准是：能忍耐劳苦，即指身体要能适应各种生活条件、生活方式、气候和水土变化。他以医学知识为根据拟定了使未来绅士保持健康的具体计划，主要从三方面入手：一是从幼年起对儿童实施锻炼，反对娇生惯养；二是建立良好的生活制度和生活习惯；三是预防疾病，保持健康。

在德育的基本原则上，一是及早实践，及时训练；二是养成习惯，形成于自然；三是教育要符合儿童"心性"；四是教育要根据儿童的个别差异因材施教。他要求绅士的言语、动作都要符合其等级与地位，对人谦恭有礼，举止得体。他认为这是"处世的真诀"，可以使自己获得他人的尊重与好感，从而获得一切。为了养成良好的德行与礼仪，他主张要多交朋友，多与上流社会的人相处，防止从"下贱的仆人"那里受到"邪恶"的影响。

洛克心目中的绅士是通晓世故、精通礼仪和非常具有才干的人，因此就必须对他们进行智力教育，使他们具有多方面的知识和学问，并使其智力得到发展。他主张在读、写、算之外，还要学习天文、地理、历史、伦理、法律、数学、物理、化学等等，也要学点工业、农业、园艺、音乐、跳舞、骑马等知识和技艺，并从这些有益的体力活动中得到消遣，从而使生活更加丰富。

在教学方法上，他主张寓教于乐，培养学习兴趣；多做实地观察，适时而教；反对死记硬背，重视培养智力，教给学生学习方法。

《教育论》

斯宾塞

赫伯特·斯宾塞（1820～1903），英国哲学家、社会学家和教育思想家。出生于教师家庭，17岁那年，由于数学成绩特别优异而被邀请去担任土木工程技术人员。1848年到1853年期间，担任英国著名杂志《经济学家》的副编辑，经常为各杂志撰稿。后来汇编成书的著作《教育论》，是他先期发表的四篇教育论文

《智育》、《德育》、《体育》和《什么知识最有价值》的结集。其主要著作还有《社会静态学》、《进化的假说》、《第一原理》、《生物学原理》、《伦理学原理》、《自传》等。

《教育论》一书围绕着教育的目的任务、课程理论和教育方法，提出了一些独到的见解，内容涉及德、智、体育的方方面面。斯宾塞在《教育论》中确立了他的科学教育思想。

在书中，斯宾塞对传统的古典主义教育进行了尖锐的批判，第一次明确提出了"教育预备说"。对于教育应尽的职责来说，就是教导一个人怎样去生活，使他获得生活所需要的各种科学知识，为完满的生活做好预备。他还明确提出"科学知识最有价值"。具体来说就是，世界上的一切活动都离不开科学知识；美学一般以科学原理为根基；科学知识会在教育上产生一种重要的结果；在学校课程中，科学知识应该占据重要的地位，应制定注重科学知识的课程体系。与此同时，教育必须适合儿童心智演化的自然过程，这就必须采用新的教学方法。斯宾塞还探讨了德育的目的和方法以及健康和体育问题。

《教育论》一书出版后，不仅在英国，而且在世界各国都产生了很大的影响。从1878年到1900年，它在英国成为被最广泛阅读的一本著作。后被译成十几种文字，在世界各国广泛流传。斯宾塞主义甚至在美国和日本的知识界占了主导地位。美国教育史学家格莱夫斯曾指出：对于重视科学教育这一时代精神，"首先给予具体化并加以维护的是英国哲学家斯宾塞"。美国教育史学家孟禄也明确指出：在斯宾塞的《教育论》中，"被培根强调过的教育目的、基础和方法重新又被清楚地呈现出来"。英国剑桥大学的奎克则说：斯宾塞在《教育论》中所提出的"这些观点预示着教育的未来"。

《科学与教育》

赫胥黎

托马斯·亨利·赫胥黎（1825～1895），英国科学家、教育家。出生于教师家庭。1842年，进入查林·克劳斯医学院学习医学。毕业后，他作为一位助理外科医生，参加了远航南海之行。1854年，他应聘担任了皇家矿业学院的讲师，开始教育生涯。后来受到达尔文进化论思想的影响，积极宣传进化论。1862～1885年间，至少在10个皇家科学或教育委员会中任职，他在积极进行教育研究工作的同时，还亲自参加教育实践，并参与了英国国民教育制度的创立，大力提倡科学教育。1893～1894年间，编辑出版了《赫胥黎论文集》（共9卷）。

《科学与教育》是《赫胥黎论文集》的第三卷，共收录赫胥黎在30多年间陆续向不同听众和读者发表的有关教育问题的重要讲演和文章共17篇，比较集中地反映了他的科学教育思想。这本书真实、生动地反映了英国19世纪中期古典教育与科学教育的论战，以及19世纪后半期，英国教育科学运动的状况和发展趋势，

具有浓厚的时代特征。赫胥黎在该书中全面阐述的科学教育思想，无疑在当时适应了工业革命后资本主义迅速发展的需要。随着这种教育思想的广泛传播，欧美国家中越来越多的教育工作者认识到教育改革的必要性和实施科学教育的重要性。科学教育思想极大地推动了欧美国家的学校教育特别是课程的改革，实现了早期科学教育思想所阐述的科学教育理想。

在这本书里，赫胥黎针对 19 世纪英国教育制度中所存在的弊病和缺点，对传统的古典教育进行了有力的批判。他认为，传统的学校教育，既不鼓励有创新精神的人，也不提供去创新研究的就会。而且，这种古典教育华而不实，极少考虑一个人的实际生活需要。因此，必须对现行的教育制度进行改革。

赫胥黎强调具有新意的"自由教育"。在 19 世纪中期的英国社会盛行的传统自由教育观点认为，只有纯粹的古典文学教育才是自由教育。赫胥黎对这种传统的自由教育深恶痛绝，他强调富有新意的自由教育，指出自由教育应包括两重含义：首先，这种教育不受限制，它涉及所有领域中必须认识的事物。其次，这种教育适宜于全体自由公民。

面对英国在应用科学方面落后的情况，赫胥黎强调科学知识的重要性。他认为，为了使学生真正获得科学知识，就必须对他们进行科学教育。他要求科学教育引进一切学校。他论述了技术教育的定义、内容、方法及办学形式。

与此同时，赫胥黎主张人文教育，倡导理想的大学教育。他指出，世界的未来掌握在那些对于自然的解释能够比他们的前辈更进一步的人手里，因此，大学教育的最重要职责就是，发现这些人，爱护这些人，并培养他们最大限度地服务于自己事业的能力。

《教育的目的》

怀特海

艾尔弗雷德·诺思·怀特海（1861～1947），英国数学家、哲学家和教育理论家。出身教育世家。1880 年进入剑桥大学三一学院，主攻数学，课余阅读和讨论文学、哲学、政治、宗教等著作，毕业后留校任教，从事教学、著述和一些政治活动。1914～1924 年，在肯欣顿皇家科技学院担任应用数学教授，其间受柏格森、爱因斯坦思想的影响，把兴趣转向对科学哲学问题的研究。1924～1937 年，应聘到美国哈佛大学担任哲学教授，直到退休。主要著作有《数学原理》（与罗素合著）、《关于自然知识原理的研究》、《自然的概念》、《相对论原理》、《哲学与近代世界》、《过程与实在》、《观念的历险》等。1929 出版的《教育的目的》一书是他的教育代表作，另外一些有关教育的讲演和论文则收入了他的《科学与哲学论文集》。

在这本著作中，怀特海认为，从联系的角度看，课程应是整体的、协调统一的，而不是片面、零散和各自为政的。他明确指出：要消除扼杀现代课程活力的各学科之间互不联系的严重现象，

13

教育不能只是给学习者提供一种游离于生活和实践之外的多个科目的目录单，"教育只有一个主题，那就是五彩缤纷的生活"。怀特海尤其反对课程中纯粹专业主义所带来的空洞性，他相信技术效率本身只能导向平庸和乏味，在他看来，这样的课程可能会使学习者掌握关于地球、关于太阳的知识，但遗憾的是，他们却始终"看不到日落的光辉"，体味不到生命的辉煌。因此，教育所要传授的不是对生活现象的表面把握，而是对生活和生命意义的美和力的一种深刻认识，是引导个体去领悟生活的艺术。教育目标的达成形式在本质应该是超越自身的存在，包含排斥、希望、恐惧和意图等欲求，使五彩缤纷的话语体系竞相追逐，才能有璀璨夺目、魅力四射的世界。怀特海对学习者对待生活的麻木不仁的思维深感惊讶，他认为学习者的这种思维来自于漫无目的地积累死板的精确知识却对它们又不加利用。

怀特海认为："使知识充满活力而不是使之僵化，是一切教育的核心问题"，"教育的全部目的就是使人具有活跃的思维"，这是一个比传授知识更加伟大、因而也更有重要意义的目的。在怀特海看来，"智慧就是掌握知识的方式"。显然，智慧高于知识，是人可以获得的最本质的自由。他还进一步指出：知识并非静止不变，而是一个不断发展变化、形成的过程，所以，知识的形成、发展、创新才是更重要的价值所在。当我们摆脱了教科书、烧掉了笔记本、忘记了为了考试而背得滚瓜烂熟的细节知识的时候，换言之，当我们不再是知识的奴隶，而学会了积极地创造和运用知识的时候，我们才最终拥有了智慧。因此，课程实质上必须致力于指导形成、发展和创新过程的激发，而不应强加一种预定的和没有意义的模式。

在怀特海看来，学习者是活生生的人，是一种具有创造性和审美旨趣的具体存在，学习者知道些什么并不重要，重要的是在教育中得到愉悦，而这种愉悦是在学习者在学习探究的行为过程中满足自己兴趣的基础上升华出来的心理满足状态。青年人天生渴望发展和活动，"如果用一种枯燥的方式将受纪律束缚的知识强加给他们，会使他们感到厌恶"，因此他说"教育一开始就应该成为一种体验发现的乐趣"，成功的教育应该是在探究与创造的过程中"训练对于生活的探险"，学校教育应该成为学习者共同参与的探险活动，使学习成为好奇心的旅程；学校纪律应该满足在众多杂乱的概念和经验中进行某种推论活动的一种自然渴望，这种自然渴望是"一个发现的过程，一个逐渐习惯于奇特想法的过程，想出问题并寻找答案的过程，设计新体验的过程，注意新的探险活动会引起什么结果的过程"。

怀特海认为，教育的过程就是经验的生成，具体地体现在教育的节奏上，教育必须根据人成长的周期性或阶段性即节奏性来把握教育的特点和规律，即教育必须"因时施教"。怀特海指出：教育的全过程中每一个阶段都是整个过程发展中的一个"小旋涡"，其意义在于引导出它的下一个过程，而较长的时间则应该得出明确的结果，以形成新循环周期的起点。教育必须适应每个阶段的特点，这是一个普遍规律。无视这种节奏乃是现代教育失败的一个主要原因。我们的孩童在最富浪漫激情的金色年华中，穷于应付各种填鸭式的教学和考试，被动地接受着过多的、在他们的年龄段还难以理解的知识灌输，就是那种用怀特海的话来说"墨

守成规"、"胆怯守旧"、"死板无效"的现代教育的一个例证。

怀特海对过程教育影响极大，他提出了教育的三阶段说，主张学科排列的顺序要符合发展的节律性特点，而且应该在不同的年龄阶段采用不同的教学方法。教育的目的是刺激和指导学生的自我发展。大学"应该成为青年人和老年人共同探险的故乡"，应该提高艺术教育的地位，增加各门学科中的美学含量，这些都对现代教育的发展产生了极大的影响。

《教育原理》

沛西·能

沛西·能（1870~1944），英国教育学家。出生在一个教师家庭，一生从事教育工作。大学毕业后，在中学教授数学和物理。从1905年到1936年的30年间，他先后担任伦敦师范学院、伦敦大学教育学院的副院长和院长，兼教育学教授，讲授教育原理和中学数理教学法等课。他在长期的教学教育实践中，积累了丰富的经验，且与实际教育工作者有广泛的联系，对教学法和教育学颇有研究。其教育起源的生物化观点，是西方资产阶级教育家关于教育起源的主要观点之一；教育要以发展学生的个性为最终目标，也是当今各国教育学者热衷于探讨的课题。主要著作有《代数教学法》、《教育原理》等。

《教育原理》于 1920 年出版，共印了 14 次。1930 年出第二版，到 1941 年共印了 9 次。1945 年出第三版。本书是英国师范院校和大学教育专业教育原理课程的必读参考书，也是英国 20 世纪 20 年代以来特别畅销的一本教育理论书，深刻地影响了一代中小学教师的教育观点和实践。

全书共分 16 章，约 21 万字。作者对教育的目的、生活和个性、游戏、教育上的自由、天性和教养、模仿、本能、自我的生长、智力的发展、学校和个人等 16 个问题进行了深入研究，比较全面地反映了他的进步主义教育思想。

第一章"教育目的"中提出了"一切教育努力的根本目的，应该是帮助男女孩子们尽其所能达到最高度的个人发展"，是全书的纲。全书围绕这个中心逐步展开。第二章至第五章援引了大量生物学和心理学的研究成果，对中心命题进行科学论证。他把策动和记忆看作动物和人类物质生活和精神生活的基本特征或基本趋势。这两种趋势又都包括无意识的和有意识的两部分，形成策动系统和印迹复合，为有机体自我表现的保守性活动和创造性活动提供生理基础。

第六、第七章联系教育实际讨论了常规和游戏在学校教育和教学上的意义。第八章"教育上的自由"，是第七章的继续。沛西·能认为，解决教育上很多问题的关键在于了解游戏，最好的教育道路是在仔细选择的范围内尽可能提供个人自由余地的道路。他还认为，新教育运动是一个更加充分地利用游戏的本质的个人自动精神的运动，它强调的是儿童对自己的行为和学业进步负起更大的责任；教学方法更加灵活以更好地适应很不相同的个人需

要；注意各人不同的爱好和能力。

第九章"天性和教养"，重点讨论了决定儿童发展的因素，即天性还是教养、遗传还是环境对儿童的影响更有效力。第十章"心理测量"，重点介绍了次数、标准差、相关等心理测量的基本概念及在教育教学实践上的应用。第十一、第十二章"模仿和本能"，更加具体地研究环境和禀赋在使儿童生活定形上各自所发挥的作用。第十三章"自我的生长"，讨论儿童成长的动力和特点。第十四章"知识和行动的机制"，主要介绍了有关神经系统方面的生理学知识。第十五章"智力的发展"，从心理学角度讨论了儿童智力发展的阶段及特点。第十六章"学校和个人"，从学校这个社会组织的角度，重述本书的主题，研究学校生活和学习与学生个人精神成长之间的关系。

《萨默希尔——激进的儿童教育方法》

尼 尔

亚历山大·萨瑟兰·尼尔（1883～1973），英国教育家。生于苏格兰，16岁起在他父亲的乡村学校任教。1908年，他考入爱丁堡大学，毕业后担任了一所公立学校的校长，开始认真思考教育问题。1920年，受聘担任《新时代》杂志的编辑，广泛接触了新教育的实践和理论。1921年，与一位法国教师在德国合办了一所国际性的自由学校。后因意见不一，他又独自在奥地利建立了一所实验学校，后来学校迁到了英国，正式命名为"萨默希尔学校"，在20世纪30年代，它成为了欧洲自由学校的一个典范。在萨默希尔学校实践的基础上，尼尔先后撰写了《萨默希尔——激进的儿童教育方法》、《谈谈萨默希尔学校》等著作。

《萨默希尔——激进的儿童教育方法》是尼尔根据早年的四本著作《问题儿童》、《问题父母》、《问题教师》、《问题家庭》选编而成，集中体现了他的教育实践成果和教育思想。书中主要内容涉及以下三个方面：一是萨默希尔学校的办学目的。这所学校的宗旨是："使学校适合儿童，而不是使儿童适合学校。"二是对儿童教育的集中阐述。尼尔认为，自由是每个人生而具有的权利，所以应该使每个人有最大的机会和可能去做多方面的选择，以便实现自己理想的幸福。所以教师要尊重儿童的意愿，并进行适当引导。尼尔也十分重视对儿童的情感教育，认为教育的重要任务就是让儿童感受到爱和学会去爱。所以学校应该像个充满爱的家庭，教师应该给予儿童充分的爱和关怀。三是问题儿童和问题父母。尼尔认为，自由和爱将会治愈那些"问题儿童"，并指引他们走上幸福之路。至于"问题父母"，尼尔认为正是因为他们缺乏正确的认识，才使得他们的教育方法失当。父母应该意识到自己在儿童成长中的重要作用，并营造良好的家庭环境，这样才有利于儿童的成长。

《萨默希尔——激进的儿童教育方法》1960年在美国出版后，反响巨大，到1970年，销量达到200万册；有600所美国的大学以这本书为教材，将尼尔的教育原则列为必修课程。1961年，美

国成立了"萨默希尔协会",其目的之一就是按照尼尔的原则和思想建立美国的"萨默希尔学校"。在尼尔的教育思想影响下,20世纪60年代末70年代初,在美国还出现了"自由学校"运动。美国教育家古德曼曾这样评论:"尼尔的自由教育可以与杜威的民主主义教育相提并论,可以与进步教育相媲美。"

《教育与美好生活》

罗　素

伯特兰·罗素（1872～1970），英国哲学家、数学家、逻辑学家和社会活动家。出身贵族世家。1890年入剑桥大学三一学院专修数学，三年后转学哲学。1895年以《论几何学的基础》的论文被选为研究员。1910年任剑桥大学讲师。1927年，和夫人布拉克在英国创办了皮肯希尔学校来实验他的教育理论。1949年成为英国皇家学会的荣誉研究员。1950年因积极参加世界和平运动、反对核战争而获诺贝尔文学奖（获奖作品《哲学—数学—文学》）。1964年创立罗素和平基金会。主要著作有《论几何学的基础》、《莱布尼茨的哲学》、《数学原理》（与怀特海合著）、《哲学问题》、《数理哲学导论》、《西方哲学史》、《人类的知识——其范围和界限》、《哲学大纲》等。

1921年，罗素与第二任妻子朵拉·布莱克结婚，随后有了两个孩子。他将自己的研究心得、教育子女的实践经验、开办私立学校的经验以及对自己关于教育的人生反思、对现实中教育实践的成败得失进行总结，写成了《教育与美好生活》一书。在这部著作里，罗素提出了一系列的教育改革方案，其中大部分已被证明是正确的。作者分别站在家长、教师、学生和社会的角度上观察问题、思考问题；道德教育从婴儿期一直讲到青春期，智育则从幼儿园一直讲到大学毕业。他还详述了学校和专业的选择，课程安排、学习方法、授课技巧和美感培养等具体问题。1926 年，此书出版后受到热烈的欢迎，一版再版，成为 20 世纪经典的教育著作之一，是家庭教育和学校教育的重要参考。

罗素提出，现代教育应该是以民主主义为指导思想，争取为每一个儿童提供最佳的教育机会。这种最佳的教育机会要根据实际情况灵活处理，不能使科学进步受到影响或者使普通教育在很低的水平上徘徊。

罗素认为应该重视教育的实用功能，但人文学科有愉悦精神的功能，二者对于人类的发展来说是相互依存、共同起着推动作用的。

在对待教育目的的问题上，罗素反对以国家作为最终的教育目的，明确提出要以个人的发展与完善作为教育的目的。罗素还提出了教育要培养的理想品性应该具备以下四种特征：活力、勇敢、敏感、理智。对儿童的品性教育主要是让儿童养成一种建设性的、富有感情的、有勇气的、聪明的品性。人们应在身体上、智力上、感情上关心儿童。

在罗素看来，如果孩子在6岁前受过良好的教育，那么在上小学后，就应该将精力主要放在发展智力上。罗素还重视学生的求知欲，认为这是学生接受教育并学习的动力。罗素还主张鼓励儿童怀疑一切问题并进行争论，培养学生主动的、独立的学习的精神，让他们有一种知识上的冒险性，并从这种冒险中得到快乐。他还指出，任何一种教育都不可能一直是有趣的，每一门学科都有它枯燥无味的部分，因此在学习这一部分内容时，教师要对学生强调这一部分的重要性，以引起学生的注意。

在本书中，罗素把学校课程分为三大类：古典学科；数学学科；现代人文学科。他认为应该按智力程度来决定学生是否进行专业的学习，并提倡对学生进行职业教育。在他看来，在学习中，教学方法和教学精神比课程更为重要，因此要充分调动学生的积极性。还要鼓励学生关心时事，并对此展开辩论，通过辩论获得对事物的正确认识，克服主观性。

在论述大学的内容中，罗素首先叙述了英国大学发展的三个阶段，并提到应该改变大学选拔标准受金钱制约的状况，以学生是否通过能力测试为依据，家境贫寒的求学者应该由国家出钱来维持。在大学教师方面，他指出大学教师要改进教学方法，加强与学生的交流与联系，尽量科学、客观的评价学生。大学教师还要努力进修，提高学术水平，跟上时代步伐。

《别国的学校和我们的学校》

埃德蒙·金

埃德蒙·金，伦敦大学皇家学院教授。伦敦大学哲学、文学双博士。曾作为高级学者出访美国、加拿大、新西兰、日本、印度和中国等许多国家并进行讲学。1978年起，任《比较教育》杂志主编。主要著作有《各国教育观点》、《共产主义国家的教育》、《美国的社会，学校与进步》、《教育和社会变迁》、《比较研究和教育决策》、《教育和西欧的发展》、《不稳定状况下的教育》等。

《别国的学校和我们的学校》是埃德蒙·金为比较教育初学者写的一本入门书，从1958年初版至今已出五版。该书在比较教育界很有影响，也是金教授的代表作之一，较集中地反映了他的比较教育思想。

全书共有十五章及两个附录。前三章是阐明比较教育理论的。第五到十一章是实例研究，分别介绍了丹麦、法国、英国、美国、苏联、印度和日本的主要教育传统和组织模式，第四章说明为什么选择这些国家和这些国家的教育为什么是这样。附录一列出理论框架的分析模式简图，附录二运用上述理论框架，举出"都市化与教育"、"教育与中央集权制"、"学生问题"三个研究方面的例子，阐明如何进行探讨分析。1987年金教授专为该书中译本写

了序，他指出："真正的比较研究不只是研究其他国家的教育体系，而在于我们走向未来的时候，更清楚地理解我们自己教育上的设想和实践。"他还指出该书自1979年五版以来，各国的教育情况发生了一些变化，如政府加强了对教育事业的干预，普遍加强了职业教育、科技革命教育，如普及计算机教育，在课程上强调新知识和新技能的传授和训练。出现的问题是，教育经费削减，合格教师短缺，教师士气低落，青年人失业现象严重，在发达国家儿童入学人数下降，而在发展中国家其人数却猛增。

金教授认为比较教育是一门应用学科，强调比较教育研究的目的是为本国的教育改革和教育决策服务，是为了更好地了解本国教育，而不是进行书斋研究，这就赋予了比较教育研究以极大的生命力。在方法论上，强调比较研究要从国际及国内的背景中审视和分析教育问题，而不是只囿于教育的小圈子里就教育论教育。事实表明，教育问题的根源要从教育外部去寻找。在个案研究部分，作者提供了不少教育资料，写得深刻且可读性强，为初学者了解外国教育提供了翔实的感性材料。

《再论教育目的》

约翰·怀特

约翰·怀特，英国伦敦大学教授，分析派教育哲学代表人物。

本书共分七章。第一章讲的是我们是否需要教育目的的问题；第二章着重于把追求知识及理解力本身作为目的的问题；第三章把我们引入以学生为中心的目的之中，探讨我们应该如何理解学生的利益；第四章和第五章着重讨论以社会为指向的教育目的。第六章把前面的各种线索综合起来，全面勾画出受过教育的人的特征；最后的第七章解决在实际中如何实现教育目的的问题，特别注意了当代英国教育的发展状况。

怀特认为："教育目的的中心内容应该是使学生成为一个具有道德自主性的人，这个目的的实现依赖于各种必要条件。首要的和明显的是，学生必须具备某种能力、理解力和气质。但也必要有其他素质。"教师不仅从其职业有关的角度来考虑学生的思想状态等有关学生的能力和气质的条件，还必须考虑与他们的教学无本质联系的其他必要条件。学校实现教育目的的途径是校园文化建设和课程学习，因而首先要形成一种文化氛围或者是文化精神——在基础学科反面打下一个坚实的基础的同时，容许学生的个性自由发展。

《论对孩子的教育》

蒙 田

米切尔·德·蒙田（1533～1592），法国文艺复兴时期的人文主义作家，启蒙运动以前的批评家，亦是对各民族文化，特别是西方文化进行冷静研究的学者。蒙田的母亲是西班牙人的后裔，父亲则是法国波尔多附近的一个小贵族，当时的贵族不看重学问，以从戎为天职，所以蒙田常常说他不是学者。蒙田在37岁那年继承了其父在乡下的领地，从此一头扎进那座圆塔三楼上的藏书室，过起了隐居的生活。他除了埋头做学问以外，还积极从事写作，自1572年开始一直到1592年逝世。在长达20年的岁月中，他以对人生的特殊敏锐力，记录了自己在智力和精神上的发展历程，陆续写出了《蒙田随笔》系列篇章，为后世留下了极其宝贵的精神财富。

《论对孩子的教育》的副标题是《献给哥松公爵夫人富华·第亚娜》。富华是法国11～15世纪的一个大家族，第亚娜是哥松公爵路易·富华的夫人。路易·富华和他的两个兄弟从小就是蒙田的亲密的朋友。《论儿童的教育》是蒙田为哥松公爵的儿子制订的系统全面的人文主义教育方案。

蒙田提到，有些看过他的《论学究气》一文的人认为，他应发挥文中所论及的儿童教育方面的思想。故而，他接受建议写了这篇文章，系统而详尽地论述了他的儿童教育方面的思想。他的绅士教育目的论、教育适应自然的思想、非宗教的教育，对于近代资产阶级教育理论起了奠基石的作用。他的教育思想对于后来法国启蒙思想家以及洛克与卢梭影响很大。

蒙田认为，教育孩子是人类最重要而又困难的学问。孩子一旦出世，就要培养和教育他们，给予无微不至的关怀，为他们鞍前马后，忙忙碌碌，担惊受怕。作为贵族子弟，学习知识不是为了图利，也不是为了适应外界，而是为了丰富自己，装饰自己的内心。他建议应该给孩子物色一位"头脑多于知识"的老师，最好能两者兼得，以使孩子受到良好的教育。

蒙田认为，在教育孩子之前，教师应该根据孩子的智力来对他进行考验，"教会他独立欣赏、识别和选择事物，有时领着他前进，有时则让他自己披荆斩棘"。在评估学生的成绩时，"不是看他记住多少，而是会不会生活"。学生要通过思考和筛选把老师讲授的知识真正转化成自己的，而不是一味地去机械地死记硬背，那样做是没有任何实际意义的。要让孩子"通过接触世界来提高判断力，使自己对事物洞入观火"。同时正确地认识自己。

在孩子形成了独立的判断力后，他便可以对自己所选择的学科融会贯通，这时教师可以教给他物理、逻辑学、几何、修辞等学科，根据学生自身的不同情况提供给他们不同的材料，以使他们能够真正从中得到启发和教益。不能让孩子跟一位性格"阴郁"、"喜怒无常"的老师学习，要使他在书本之外能够找到可以愉悦心灵的消遣方式，而不是过分地埋头于书本，变成

"傻头傻脑、愚不可及"的书呆子。教育不是培养驮着书本的蠢材。

蒙田认为，老师在教育孩子时，"不光要锤炼他们的心灵，还要锻炼他们的肌肉"。在培养交往能力时，要让孩子"了解别人，汲取新的知识。沉默和谦逊有利于同人交往"。不要露财扬己，也不要听到不同意见就怒形于色。言谈中要闪烁着"良知和道德"，要勇于承认自己的错误。要培养孩子探询一切的好奇心，能够从各类人的身上汲取长处。要教育孩子崇尚美德和爱情，将来依靠自己而非家庭的能力在社会上谋职。对孩子要采取"既严厉又温和"的教育手法，使他不致对读书产生"恐怖"的心理。

《爱弥儿——论教育》

卢 梭

让·雅克·卢梭（1712～1778），法国启蒙思想家和教育家。出生于瑞士日内瓦的一个钟表匠家庭。12 岁起，当过学徒、杂役、家庭书记、教师等。16 岁时开始流浪生活，认识了华伦夫人，改信新教，进入神学学校学习。1740 年，到里昂的一位修道院院长家中担任家庭教师。1750 年，发表《论科学与艺术的进步是否有助于敦风化俗》。1755 年 4 月，发表《论人类不平等的起源和基础》。1756 年 4 月，因厌倦城市生活而隐居巴黎郊外。其后6年，构思写作了《社会契约论》、《爱弥儿——论教育》、《新爱洛伊丝》和《感性伦理学或智者的唯物主义》纲要。他为狄德罗主编的《百科全书》写的条目《论政治经济学》也在这期间出了单行本。发表于1762年的教育哲理小说《爱弥儿——论教育》，由于内容反对教会并提出新的教育思想，而在同年6月遭法国政教当局禁毁。卢梭本人因受到教会的迫害而逃出巴黎，先后流亡瑞士和英国，身心备受摧残。直到1770年被免除罪名，才隐姓埋名回到自己的国家。晚年贫病交加，生活非常不幸，但仍然完成了自传体小说《忏悔录》，引起世人热烈的反响。

《爱弥儿——论教育》是卢梭所有著作中最为系统完善的一部，既是教育专著，也是文学名著。书中通过其虚构的小说主人公爱弥儿从出生到成人的教育历程，系统地表达了他独特的教育理念和教学思想。作者第一次把儿童提升至教育的中心地位，实现了教育对象和过程的主体转换；他重视儿童的天性，详细论述了儿童生理、心理因素在教育中的重要性，从根本上改变了教育方法、措施和目的，从而完成了教育史上的"哥白尼式的革命"。作为教育史上最重要的经典文献之一，本书也被认为是继柏拉图之后西方最完整、最系统的教育论著，与柏拉图的《理想国》、杜威的《民主主义与教育》并列为教育界三大不朽之作。

全书共分五卷，第一卷主要论述了自然教育的理论以及2岁前儿童的教育；第二卷论述了2~12岁时的教育理论；第三卷论述了12~15岁时的教育理论；第四卷论述了15~20岁时的教育理论；第五卷论述了青年时期的教育理论以及爱弥儿未婚妻的教

育主张。

卢梭教育思想的核心是认为在对儿童进行教育时，要根据儿童身心的自然发展来实施教育，要遵循自然的要求与法则。反对教育者不顾儿童自身的发展要求而按自己的意志强加给儿童不适合的教育。卢梭指出，教育的来源有三个方面，即自然、周围的人们和外界的事物。在这三种教育来源中，自然和外界的事物是我们不能掌控的，因此，要想使这三方面的力量合在一起，就必须要顺应自然，顺应儿童的天性。卢梭要求尊重儿童的自由，提倡把儿童培养成自由的人。同时，他还认为，劳动对人的生存有重要的意义，因为只有能自食其力的人才能成为真正自由的人。

在教育方法上他认为，要让孩子自己从生活和实践的切身体验和观察中来获得他所需要的知识，反对让儿童被动地接受成人的说教。教师的职责不是向儿童灌输各种知识，而在于引导儿童从外界、从生活中学习知识。

他根据儿童的天性发展，把教育分为四个阶段。第一阶段：婴儿期（0~2岁）。在这个阶段中，卢梭提倡母亲亲自养育孩子，从而形成亲子关系。此时的教育任务就是使其身体健康的发展，以体育锻炼和身体养护为主，倡导体育教育。第二阶段：儿童期（2~12岁）。这个阶段所做的工作主要是锻炼儿童的各种感官，让儿童积累丰富的感觉经验，为以后的发展打下基础。第三阶段：少年期（12~15岁）。儿童应该进行知识的学习。要选择对儿童有用的知识，同时也是这个年龄阶段的儿童能够理解的知识，主要是关于自然的知识，而排斥了人文知识的学习。第四阶段：青年期（15～20 岁）。青年的身心都发生了很大的变化，感情开始发展起来，教育者这个时候主要对他们进行道德教育、宗教教育以及性教育。

在纪律教育方面，卢梭提倡自然后果法，即通过让儿童体验他们过错的不良后果来让他们自己纠正所犯的错误，反对惩罚和口头的说教。在道德教育方面，主要包括引导儿童的仁慈、同情和宽容之心，爱自己与爱他人之心；正确区分善与恶；通过善良的行为的练习，形成良好的意志。在性教育方面，卢梭认为进行性教育是十分必要的，这关系到青年与其他人的关系，而且认为爱是相互的也是需要尊重的。他还主张要尽量延迟儿童获得性教育的时间的到来，这样更有利于年轻人身体的发展，而且在这个过程中还要避免色情的观念。

在学习方法上，卢梭强调通过实际观察以及让儿童自己动脑、动手来解决问题并学习，反对死板的书本教学。在学习能力方面，卢梭也提出了自己的见解，认为要培养儿童学习知识的能力，特别是要培养儿童的独立判断能力。

《儿童学的新观念》

阿尔弗雷德·比纳

阿尔弗雷德·比纳（1857～1911），法国心理学家、教育理论家，测验心理学派的代表人物。生于法国南部尼斯的一个医生

31

家庭。曾进入法律学校学习，后来放弃法律生涯，转而从事心理学的研究和学习。1889年，与另外一位法国心理学家在巴黎大学建立了法国第一个心理学实验室。1894年，被聘为巴黎大学的心理学教授。1895年与心理学家亨利共同创办了法国第一份心理学杂志《心理学年报》，同时在巴黎创办了一个实验室，进行儿童研究和实验教学。1900年，与学前教育家凯果玛在巴黎设立"儿童心理研究自由学会"，致力于研究人的个别差异。1903年，通过对自己两个女儿的研究，发表著作《智力的实验研究》。1905年，与学生西蒙合作编制了第一份智力测验量表，称为《比纳－西蒙智力测验量表》。1909年，发表了《儿童学的新观念》，为其封笔之作。

《儿童学的新观念》是比纳晚年的著作，集中体现了他的实验教育学的思想。该书是他对自己长期进行实验所作的总结，其目的是用他研究的对儿童的新观点改造教育学，使教育学走上科学化、实验化的道路。本书在教育科学发展史上占有一定地位，它对推动19世纪末20世纪初的实验教育学运动起了重要作用。比纳也和德国的梅伊曼、拉伊一起成为了西欧实验教育学的主要代表。

全书由九章构成，其主要内容如下：第一章"本书的目的"，比纳认为，教育学应以儿童个体心理学的研究作基础，教育方法也应以测定儿童的知识和技能的发展为基础。第二章"在校儿童"，主要讨论了评价教育的标准、教育程度的测量等问题。第三章"儿童的身体"，作者提出了儿童身体健康的标准，讨论了儿童年龄与身体发育、智力与身体发育的关系，对身体发育的训练方法提出了一些科学建议。第四章"视觉器官与听觉器官"，作者主要论述了检查身体各种感觉器官，特别是视、听觉器官的重要性；介绍了检查视力和听力的方法。第五章"智力测验与智力教育"，主要介绍了比纳的智力测验及其智力教育方法。第六章"记忆"，主要讨论了记忆与智力、记忆与年龄之间的关系，提出了测量记忆的方法，对培养记忆力提出了建议。第七章"性向"，主要讨论了儿童各种能力之间的关系和儿童智力发展的个别差异问题。第八章"懒惰与道德教育"，比纳指出了懒惰的表现形式以及原因，还分析了常用的道德教育方法的优缺点，论证了对儿童进行性格教育的必要性及方法。第九章"本书的结论"，综述了前面各章的内容，特别强调了科学的实验研究对改造旧教育学的意义。

《教育漫谈》

阿　兰

阿兰（1868～1951），原名爱弥儿·奥古斯特·夏提埃，法国哲学家、散文家、古典主义教育家。曾在巴黎高等师范学校攻读哲学，毕业后在卢昂等城镇教中学。在卢昂时曾参加政治活动，并开始为一家激进报纸撰写短文。之后在巴黎的昂利·加特尔中学任哲学教员。第一次世界大战爆发后，他在法国炮兵服役，出

征两年半，期间写出了《玛尔斯〈战争真相〉》、《关于精神与激情的八十章》和《美术体系》。战后重返昂利·加特尔中学任职，直到1933年退休。在此期间，他同时作兼职记者。他思想深邃，文笔优美，善于写杂文、散文，重要作品多数是以新闻评论形式完成的。其代表作《阿兰语录》、《教育漫谈》、《政治论丛》等为其获得了世界声誉。

阿兰深信人类唯一真正的自由是思想的自由，思想自由必须通过教育获得。教育是世代传递思想文化遗产的最好方式。因此，他十分肯定教育的作用，并依据自己对教育本质的理解和多年的教学实践，发表了许多关于教育的短篇论文。他把86篇关于儿童教育、学校教育、教育目标、教育内容、教学方法的短篇论文收集起来，汇编成《教育漫谈》一书。

阿兰认为，儿童要做的是人，教师就必须以人道来帮助他。而成人之道就是顺从自然，使儿童得到协调发展。他认为学习和游戏有本质的区别，推动儿童成长的绝不是对游戏的爱好，而是带有艰巨任务的学习。带有艰巨任务的学习，是儿童成长的途径，教学的艺术就在于让儿童吃一些苦，把自己提高到人的境界。因此，教师对学生必须严加管教，锻炼儿童的意志，使儿童树立积极学习和战胜困难的信心，有意识地培养他们的各方面品质，使他们茁壮成长。

阿兰认为，教育不是道德问题，而是法律问题。教师与学生之间的关系不能被道德情感所控制，它必须以契约等法律概念为基本。这样才能培养学生的思想能力，促使儿童早日成长。学校也不是娱乐场所，它靠的是理智，只有这样才能把学生培养成可信赖的公民。要使学生成为今后家庭、社会、国家与世界的优秀成员，就必须学习哲学、社会科学和自然科学的全面知识。他主张儿童学习的主要课程是拉丁文和几何学。在教学方法上，阿兰强调两点：一是教师要少讲，二是提倡阅读。教师应组织学生学习，成为书本的辅助者。一个好老师就是够冷漠，而且要有意冷漠，不要乱用感情。过分明显的好意、热情、着急等类似情欲的东西和理智的运用是不相容的。

阿兰指出，教育应该讲求平等，学校应使人们得到自我发展，不管他们在社会中的位置如何；应该反对那种"人人寻找天才，人人为天才鼓噪"的做法，坚持教育面前人人平等的原则。他认为，教育的最高目标是开发人的头脑，使人们有理智的判断力和自由的思考力。教师不要向学生讲授最后的真理和最新的发现，而是通过一些现象、最初的思想原则，引导学生寻求真理、发现真理。教师要培养学生的怀疑精神，因为怀疑是思考力的基本要素，是肯定的征兆，是通向真理的必经之路。

《终身教育引论》

保尔·朗格朗

保尔·朗格朗（1910～2003），法国拉丁文学者、成人教育家，终身教育理论的创始者与倡导者，被誉为"终身教育之父"。

毕业于巴黎大学，曾担任中小学教师多年。20世纪30~40年代，在法国格勒诺布尔建立职工教育中心，培训成年学习者。后创立民众与文化协会，出版了一些关于智力培训的书籍，在社会上产生了广泛的影响。这个协会后来由于政治的原因被解散。第二次世界大战结束后，在加拿大蒙特利尔的麦克吉尔大学讲授法国文学。1948年10月，到联合国教科文组织的成人教育局工作，负责成人教育方面的事务。1965年12月，联合国"第三届促进成人教育国际委员会"在巴黎召开，朗格朗在会上作了题为"永恒教育"（也就是我们所说的"终身教育"）的报告，引起了世界的关注。在这个基础上，朗格朗于1970年写成并出版了世界上第一部关于成人教育的专著《成人教育引论》，在世界范围内产生了极大的影响。1971年离开联合国教科文组织，继续从事终身教育理论的研究和实践工作，并提出了"学习存在"的概念。主要著作有：《关于终身教育》、《成人教育与终身教育》、《终身教育的前景》、《以终身教育为基础的学习领域》、《终身教育：概念的发展》等。

《终身教育引论》一书面世后，几乎是立刻在全世界引起了轰动，终身教育思想几乎在世界范围内博得了广泛赞许。随着此书的流传，终身教育的思想也日益深入人心。它已成为各国重新阐述教育立法、重新制定教育政策和进行教育改革的指导原则。

本书共分为四个部分：前言、终身教育探索、全面综述、论证和实例。其中，"终身教育探索"论述了终身教育的形成过程。"全面综述"部分共分六章：第一章讲述了现实社会对人的挑战；

第二章论述了终身教育发展的各种动力；第三章阐述了实施终身教育的意义；第四章叙述了终身教育的目标以及终身教育的内容；第五章是关于终身教育的策略；第六章论述终身教育是全社会共同的事业。最后是"论证和实例"，讲述了实现终身教育的各种途径和方法，并对一些命题进行了论证。

朗格朗在书中列举了现代人所面临的新挑战，指出这种挑战来自人类生存环境的改变，它在很大程度上改变了决定个人和社会命运的条件，也为教育趋向"终身化"提供了变革的舞台。按照朗格朗的意见，终身教育的最终目标是努力建设更美好的生活，即使人过一种更和谐、更充实和符合生活真谛的生活。这种生活必须是指个人与现代社会的现实性要求所规定的生活。终身教育的具体目标是，教人们掌握一种在自己的整个求知道路上得心应手的方法，即使学习者"学会学习"，以便为他在未来学习化社会中生存和发展做好准备。具体而言，朗格朗认为终身教育应包括以下一些内容：生命教育、情爱艺术教育、父母、父母与孩子关系的教育、职业中的教育、闲暇教育、艺术教育、体育运动教育、选择信息能力教育、公民教育。

郎格朗认为，在当今时代，那种只靠青少年时期接受几年教育便能受用一辈子的情况已经过时。时代的发展要求我们必须不停地接受教育，不停地学习，因此，终身教育的意义就是教给学习者合适的学习方法或自我教育的方法，促进受教育者个人的发展。

郎格朗认为，成人教育不应是学校教育的简单延伸。在终身教育的原则下，成人教育应立足于解决成人生活中所遇到的各种

法国

问题，包括工作的问题、家庭的问题、代沟的问题以及自身发展的问题。而且，如果成年人想获得青年人的尊重，他自己就必须不断地学习与发展。此外，朗格朗还强调，教育是集体的事业，光靠专门从事教育的人无法向前推进，需要社会各方面力量的支持与参与。一方面，需要社会各方力量，各部门以及各类人士来共同研究解决各种各样的教育问题，参加教育决策；另一方面，随着教育超越传统的限制，教育人已不仅是教师的职责，在某一时刻和某些条件下对教学和训练负有职责的任何人都是教育工作者。比如，医生、工程师、牧师、政治家等组成庞大的教育工作者队伍，他们的相互交流和取长补短是形成可靠而生机勃勃的终身教育结构的先决条件之一。

《普通教育学》

赫尔巴特

赫尔巴特（1776～1841），德国哲学家、心理学家和教育家，近代教育科学的创始人，"教师中心说"的代表人物。出生于律师家庭。幼年时由于母亲和家庭教师的精心培养，在语言、逻辑学、哲学等方面受到很好训练。12 岁进入文科中学后，开始研究康德的哲学著作。1794 年进入耶拿大学学习法学。毕业后到瑞士贵族施泰格尔家里当了三年家庭教师，教育施泰格尔的三个孩子。他非常认真地工作，并不断地总结经验，每两个月左右写一份工作报告给施泰格尔，三年共写了 24 份。1800 年，辞去家庭教师工作，到德国不来梅一所教堂学校担任数学教师工作。1802 年，到哥廷根帮半工半读，后进入哥廷根大学担任讲师，教哲学和教育学。1809 年应聘去哥底斯堡担任哲学和教育学教席，并参与教育改革，创办了教学论研究所、教育研究所和师范研究班、附属实验学校。主要著作有：《普通教育学》、《论世界的美的启示为教育的主要工作》、《教育学讲授纲要》等。

赫尔巴特是教育史上第一个明确提出教育学应该以心理学为理论基础，应该充分运用心理学去论证教育学上的各种实际问题，给教育工作以理论说明的人。这样就使教育学开始走上了科学的道路。他的《普通教育学》是继夸美纽斯《大教学论》之后对教

学理论进行全面综述的一部著作，被公认为是第一部具有科学体系的教育学著作，是近代教育理论走向科学的开山祖和奠基石。

全书除绪论之外，分为三编 14 章，包括教育的一般目的、兴趣的多方面性、性格的道德力量等内容。作者提出的"智育是全部教育的中心"的教育思想体系，对学校教育实践产生巨大影响，"如浪潮一般席卷"。他设计的课程体系，成为近代资本主义教育课程体系的基本框架。

赫尔巴特认为，道德是教育的最高目的，伦理学是教育学的基础，而教育方法依赖于心理学。要想达到教育的最高目的，需要研究受教育者的心理活动及其规律，以便找到更合理有效的教育方法，那样才能收到良好的教育效果。在这个基础上，赫尔巴特论述了教学论、德育论和管理论。

赫尔巴特提出，儿童生来便有"一种处处都会表现出来的不服从的烈性，这种所谓烈性就是不遵守秩序的根源"，如果不从小加以"约束"，可能成为反社会的倾向。所以，必须加强对儿童的管理。在对儿童管理的时候，可以采取以下方法：威胁、监督、权威与爱、惩罚、活动。赫尔巴特重视惩罚在儿童管理中的作用，认为惩罚有助于使得学生消除反抗行为。

赫尔巴特从四个方面阐述教学理论问题。一是教育性教学。他认为任何教学都必须带有教育性，应该把实现教育目的与传授文化知识看做同一过程，把学校的全部工作都归结为"教育性教学"。二是多方面兴趣。他认为在教学过程中，多方面兴趣是学生意识活动的内在动力。他把兴趣分为经验的、思辨的、审美的、同情的、社会的和宗教的六种。根据这些兴趣，赫尔巴特为普通中学拟定了庞杂的课程体系。三是教学阶段理论。他把课堂教学分为"明了、联合、系统、方法"四个阶段。"明了"就是教师明了准确教授新教材。"联合"的任务是使学生的新旧观念之间建立起有机的联系。"系统"是指学生在老师的指导下对新旧知识之间的联系进一步进行思考，寻求规律。"方法"则是指学生通过实际联系，将已经获得的系统知识付诸运用。四是教学方法。赫尔巴特将教学分为单纯提示教学、分析教学和综合教学三种。分析教学应当在单纯提示教学的基础上进行。综合教学大纲就是将分析教学的结果加以重新结合，形成新的观念。这三种教学之间是递进关系、交叉关系，三者要统一运用。

赫尔巴特认为，道德教育的任务就是想学生灌输"内心自由"、"完善"、"仁慈"、"正义"、"公平"这五种道德观念，由观念形成意志，用意志去陶冶性格。只有体现这五种道德理念的性格才是道德的性格，才算达到了道德教育的目标。赫尔巴特还提出了"训育"的概念，也即培养学生的道德品质。管理是外在的、强制的，而训育具有陶冶性，它建立在道德观念基础上，能使受训人心悦诚服。

《人的教育》

福禄培尔

弗里德里奇·福禄培尔（1782～1852），德国教育家。出生在一个路德派教师的家庭。中学学习以后，他在林务官处做学徒，学习测量工作。1800年，在林业主的资助下进入耶拿大学学习。1802年，从耶拿大学辍学，在林场和农场任职。期间，曾前往伊

弗东访问裴斯泰洛齐，短期停留后返回德国。1805 年起开始了家庭教师生涯。1808 年至 1810 年再次访问伊弗东，并在那里工作、任教。1811 年，结束家庭教师工作，进入大学学习。1817 年，在家乡开办学校，力图实现裴斯泰洛齐关于儿童天性自然发展的教育原则。在这所学校工作的基础上，写成泛论儿童教育工作的著作《人的教育》。由于当时政府怀疑福禄培尔的学校鼓吹革命，学校被迫停办，福禄培尔本人也出逃到瑞士。1834 至 1835 年，他在布格多夫担任一所孤儿院的院长。1836 年，重返故乡，创立了世界上第一套完善的幼儿教育体系。主要著作有《人的教育》、《幼儿园教育学》、《教育发展》、《母亲与游戏、儿歌》等。

《人的教育》是福禄培尔的教育顺应自然思想的全景展示，是福禄培尔初等和学前教育思想的核心。它对儿童的身心特点的剖析，及与之相对应教育分期，针对幼儿身心特点制作的恩物，都是他留给后人的一笔财富。

全书整体架构如下：第一章"总论"；第二章"幼儿期的人"；第三章"少年期的人"；第四章"学生期的人"；第五章"整体的概观与结论"。

在"总论"里，福禄培尔在他的神学基础和对自然的认识上阐述了教育的一般原理。福禄培尔认为儿童的身心发展是一个具有阶段性和连续性的过程。首先，儿童的发展是一个不间断的连续过程，每一个阶段的发展结束后就会过渡到一个新的阶段，直到实现这个阶段的发展；另外，这种连续发展的过程又是可以分为明显的不同阶段的，儿童的发展在每个阶段都有一些与众不同的一些特点，与之相应，教育也应当正对不同的阶段有所区别。他提出人的"自动"发展的教育原则，反对旧教育对儿童的束缚。

福禄培尔把教育者划分为婴儿、幼儿、少年、青年四个时期，并在第二到第四章特别论述了前三个时期儿童身心发展特点及教育任务。他认为，婴儿期的心理特点是"吸收"。在这一时期，婴儿借助感官认识外部事物，实现变外部为内部的过程。他认为，婴儿先有听觉，后有视觉。然后，通过这两种感觉观察来认识事物。因此，在感官发展上，应该首先发展听觉器官，后发展视觉器官。

幼儿期的到来则代表真正的人的教育开始了。教育任务从身体的保育转向智力的培育和保护，要保障幼儿的身体健康，发展幼儿的感觉，扩大其对周围生活的认识，发展语言和创造力，以及进行初步的道德教育等等。发展儿童身心的最好组织形式是幼儿园。这一时期主要以游戏的方式进行教学。福禄培尔还为幼儿设计了许多适合他们完成的作业，主要有绘画、纸工、用小木棒或小环拼图、串联小珠、刺绣等。

少年期主要是使外部的东西成为内部的东西的时期。这一时期主要是让儿童懂得事物的特殊关系，以便他们以后能够了解其内在统一性。能引导儿童认识和把握事物及其本质的最佳场所是学校。这一时期，游戏与家庭生活仍是教育过程中的要素。父母可以让孩子分担一些自己的工作，否则，孩子的内在力量会被削弱。

在"整体的概观与结论"中，福禄培尔作了简短的总结。指出我们过多地错误压制儿童身上的多方面的精神倾向，因此，十分有害地干预了儿童的本性。尤其应该认识到的是儿童的发展和教育中被耽误和被忽视的一些东西是再无法挽回的。

德

国

《德国教师培养指南》

第斯多惠

弗里德里希·阿道夫·威廉·第斯多惠（1790~1886），德国教育家，民主主义教育学的代表人物。出生于德国的一个法官家庭，1808年进入赫尔朋大学学习，次年转入杜宾根大学。毕业后，在曼海姆担任家庭教师。1810年后，德国政府开始注重初等教育和师范教育的扩充，使第斯多惠有了大显身手的机会。从1813年起，他先后在法兰克福模范学校和爱北斐特拉丁学校任教，1820年，应聘担任莱茵省梅尔斯国立师范学校校长，长达12年之久。1832~1847年，又担任柏林师范学校校长，进行了大刀阔斧的教育改革，而这些改革却不被当局认可，1847年被解除校长职务。1932年，在柏林创建"教育学协会"。1835年，在总结多年的教育实践经验的基础上，发表了代表作《德国教师培养指南》。除了这本书之外，他的主要教育著作还有：《论教育及学校教育》、《论教育的最高原则》、《教育学领域中的争议问题》、《教育的理想与可能性》等。他首次提出和论证了细致的教学规律和教学原则规则，丰富和发展了教育基本理论，在德国教育史上被誉为"德国教师的教师"。

《德国教师培养指南》是第斯多惠最著名的教育著作，1835年首次出版后，在作者生前就再版了四次。由于该书详细论述了有关教师培养的问题，其中又不乏创新的观点，因此受到广大教师的欢迎，并成为19世纪40年代后德国学校教师手边必备的一本书。

全书分两篇。第一篇由第斯多惠撰写，第二篇是第斯多惠与师范学校教师合作撰写的。这部著作从教育理论探讨开始，一直到对教师教学的活动都作了具体的指导。本书的宗旨是"指导教师或立志做教师的人如何才能提高自己的知识和教学技巧，以及讲授每门学科须采取何种教具等"。

第斯多惠提出教育要遵循人的自然发展规律，认为这是一条最重要的原则。继裴斯泰洛齐之后，第斯多惠认为儿童生来就具有一定的天资，这种天资具有发展的天然倾向。教师必须按照这些天资发展的自然规律来激发它们。遵循自然发展规律的教育原则就是在进行教育时要遵循人本身的自然发展规律，教师在课堂教学时必须考虑学生的年龄特点和个别的特点，必须细心研究儿童的注意力、记忆力和思维能力的特点。

《卡尔·威特的教育》

老卡尔·威特

卡尔·威特（1800～1883），19世纪德国的一个天才。八九岁时就能自由运用德语、法语、意大利语、拉丁语、英语和希腊语这六国语言，并且通晓动物学、植物学、物理学、化学，尤其擅长数学。9岁时进入哥廷根大学，14岁被授予哲学博士学位，16岁获得法学博士学位，并被任命为柏林大学的法学教授。23岁

发表《但丁的误解》一书，成为研究但丁的权威。与那些过早失去后劲的神童们不同，卡尔·威特一生都在德国的著名大学里授学，在有口皆碑的赞扬声中一直讲到1883年逝世为止。

卡尔·威特能取得这番惊人的成就，并不是由于他的天赋有多高超——恰恰相反，他出生后被认为是个有些痴呆的婴儿——而是全赖他的父亲老卡尔·威特教育有方。老卡尔·威特把儿子长到14岁以前的教育写成了一本书，这就是《卡尔·威特的教育》。

老卡尔·威特在书中详细地记载了小卡尔·威特的成长过程，以及自己教子的心得和独辟蹊径的教育方法。该书写于1818年，大概是世界上论述早期教育的最早文献。但这本书问世后并未引起人们重视，几乎绝版，保留至今的大概只有哈佛大学图书馆里那本美国的唯一珍本。因此，如今看过原书的人极其少，老卡尔·威特的教育理论只散见于受他启发的一些教育论著，诸如《俗物与天才》、《早期教育和天才》等书中。然而，正是由这些残章断片生发出的教育方法，培养出了近代像塞德兹、威纳·巴尔及维尼夫雷特等无数世界级的通过早期教育成长的典范。

《审美教育书简》

席　勒

弗里德里希·席勒（1759～1805），德国诗人、哲学家、历史学家和剧作家，德国启蒙文学的代表人物之一。席勒是德国文学史上著名的"狂飙突进运动"的代表人物，也被公认为德国文学史上地位仅次于歌德的伟大作家。他是歌德的挚友，死后和歌德葬在一起。主要作品有《强盗》、《阴谋与爱情》、《欢乐颂》、《唐·卡洛斯》、《审美教育书简》等。

本书为席勒最主要的美学著作。在书中席勒主张人由感性的物质世界上升到理性的道德世界，中间必须经过审美教育阶段，只有美育即文艺才能使人类达到和谐亦即没有矛盾的境界。他认为审美活动最先出现于精力过剩的游戏中。人并不满足于自然的需要，他要求有所剩余，有了剩余，他就可以游戏。在审美的游戏中，人摆脱了实用的束缚，把感性世界和理性世界协调起来，从而获得了真正的自由。

席勒提倡的审美教育，对于西方19世纪的美学研究产生了相当重要的影响。民主主义教育家蔡元培也曾吸取席勒的学说，规定美育是教育宗旨中不可缺少的一部分，后来又提出以美育代替宗教的主张。在今天，若是把席勒唯心主义美学的思想根源抛开，仅就艺术的功能和艺术家的职责而论，席勒的这部著作还是有借鉴和参考价值的。

《劳作学校要义》

凯兴斯泰纳

凯兴斯泰纳（1854～1932），德国教育家。1877年入慕尼黑

大学学习数学和物理，并兼修教育学和哲学。大学毕业后，历任中学教师、校长、督学，并任慕尼黑市教育局长25年。他在教育思想上提出公民教育和劳作学校的主张。凯兴斯泰纳的教育主张与实践基本适应当时德国资产阶级培养大批生产上有技术、政治上服从资产阶级利益的新型劳动力的要求，因而获得皇家实用科学院第一名。著作有《德意志青少年的公民教育》、《学校组织的根本问题》、《国家公民教育的概念》、《劳作学校要义》、《性格与性格教育》等。

　　凯兴斯泰纳从培养良好公民的教育目的出发，提出了建立"劳作学校"的主张。他提出，公立学校有两个不可缺少的任务：一是性格陶冶，二是职业训练，为此应将公立学校办成"劳作学校"。凯兴斯泰纳认为劳动是精神训练的绝好时机，儿童通过机械的操作劳动，可以发展意志力、判断力、敏锐性和兴奋性等基本能力，从而使性格得到陶冶。劳动学校的另一个基本任务就是劳动训练。通过劳动训练，教育学生乐于从事国家社会所需要的工作和劳动，激发他们做好工作和劳动的愿望，培养他们形成个人的职业技能，以便在将来能够很好地为国家服务。他提出将劳动课程作为独立的教学科目，由有能力的专业教师来担任，以增强和提高劳动训练及职业陶冶的效果。

　　凯兴斯泰纳的"劳作学校"理论于1908年开始进行实验。1920年，德国教育大会通过决定，要求新学校必须是劳动学校，并制定了具体的实施办法。1926年，德国教育大会提出开展"劳动学校运动"，使劳动学校在德国普遍推广，这一理论成为当时德国风行一时的教育思潮，并在瑞士、法、英、俄等国产生了一定的影响。

《创造性思维》

惠特海默

惠特海默（1880～1943），德国心理学家，格式塔心理学的创始人和领袖。1898 年进入格拉茨大学学习法律，后又对哲学、生理学和心理学产生了兴趣。之后，到柏林大学师从斯顿夫。1904 年在符茨堡大学得哲学博士学位。毕业后在法兰克福的一个研究机构供职。1910 年，通过实验证实造成知觉的因素不止于五官的感觉，创立"格式塔"心理学的基础。后将"格式塔"方法及其原理扩展到学习、思维、社会心理学、美学、经济学、行为学等方面，被人称为"格式塔运动"。1916～1929 年在柏林大学任教，1929 年任法兰克福大学教授。1933 年，由于不堪纳粹迫害，被迫移居美国，受聘为纽约市社会研究所学院教授，在此一直工作到 1943 年去世。主要代表作有《心之发展》、《知觉："格式塔"心理学说引论》、《格式塔心理学原理》与《创造性思维》等。

《创造性思维》作为惠特海默的遗作，由他的同事阿希加工整理，发表于 1945 年。该书探讨了如何将格式塔原理运用于教育的问题，作者从儿童解决简单问题的过程一直研究到爱因斯坦发

现相对论的思维过程，以年龄和问题难度为依据，发现在各个解决问题的水平上都有创造性思维过程的存在，并据此提出了教育中应注意的一些问题。

全书包括序言共八章，可以分为四大部分。序文中指出，关于思维的研究，历来存在着两种学说，即传统的形式逻辑学和联想主义心理学，这两种学说都已过时，且对思维的问题没有说清楚。用这两种学说探讨创造性思维有困难，由此惠特海默引出了创造性思维。

第二部分主要讨论了学生解决数学问题的过程。他举出一道求平行四边形面积的例子，与证明平行四边形对角相等的例子，指出从问题解决的观点看，全体是互相联系在一起的各种因素的结构。然后他分析了数学神童高斯解题的心理过程，指出由观察到发现规律，这个转换是非常重要的。惠特海默还叙述了自己解多角形求和题的思维过程，由此得出在思维过程中，始终有主体的问题意识参与。

第三部分主要讨论了社交和人际问题。前半部分讲述了社会问题的解决过程，后半部分则论述了头脑在描述复杂的人际关系时，如何从开始时的暧昧的描述，通过问题整理，最后逐渐懂得全貌的过程。

第四部分分析了科学家的问题解决模式。作者通过分析伽利略发现自由落体定律的思维过程，指出伽利略的发现始终都体现在对对象的结构整体的表象形成和对整体结构及各部分的要求的认知这样两个方向上。作者也分析了从爱因斯坦发现相对论到相对论被承认的过程，认为爱因斯坦正是在从整体上把握和探讨已有的各种观点，明确以前关于运动的理论的错误所在的基础上，提出了相对论的观点的。

作者认为，要想创造性地解决问题必须让整体支配部分，并强烈反对由试误说和条件反射说所引发的在教育领域中所采用的死记硬背和机械训练的方法，指出教师在教学中首要的任务是帮助学生通览问题情境，使他们明白怎样去解决，为什么这样解决，争取在理解、领会问题的前提下，产生顿悟。学习贵在打破旧有知识和模式的束缚，要求学生掌握解决问题的原则，做到触类旁通、举一反三。在该书中他还提出了一系列具体的方法来指导教学，这些理念和方法都对教育有很大的启发作用。

《什么是教育》

雅斯贝尔斯

卡尔·雅斯贝尔斯（1883～1969），德国哲学家、精神病学家，存在主义哲学的代表人物。出生于德国的奥尔登堡。1900年入海德堡大学学习法律，后改学医学。1913年就任哲学系心理学讲师。1921年，成为哲学教授，开始潜心研究哲学。曾与存在主义哲学代表人物海德格尔有过密切交往。第二次世界大战后，先后在海德堡大学和瑞士巴塞尔大学任教。除哲学著作外，他的主要教育著作还有《大学的理念》、《什么是教育》等。

《什么是教育》一书全面而深刻地阐述了"什么是教育"这一问题，集中体现了雅斯贝尔斯的教育观点，同时它也体现着现代西方教育思想发展的人本主义倾向。全书共分为19章，分别论述了人类必需的文化环境，教育的基本类型，教育的意义和任务，教育的必要性，教育的权威，教育与语言、文化的关系，以及大学的观念与任务等。

在本书中，雅斯贝尔斯从他的"生存、自由、超越"的存在主义哲学基础出发，详尽、深入地论述了他对教育的独特理解，为我们认识和理解教育的问题展现了一个极为宽阔的视野，引导我们去追溯教育的本原所在，寻求教育的本真意义。

雅斯贝尔斯认为，在人的成长和发展过程中，教育环境不可或缺。他将教育的基本类型分为三类：经院式教育、师徒式教育、苏格拉底式教育。对于学校，雅斯贝尔斯认为，学校应成为个人创建智力和精神的基础。至于教育的精神，雅斯贝尔斯认为，精神命运必然决定教育的内涵。他也十分肯定教育的必要性，认为教育是立国之本。雅斯贝尔斯在本书中也着重阐述了他对大学的观念与任务的看法，他认为大学是一种特殊的学校，是研究和传授科学的殿堂，是教育新人成长的世界，是个体之间富有生命的交往。他还提出了大学的两个基本原则：一是研究与教学的统一，二是教育与培养过程的统一。

雅斯贝尔斯重视对"人"的培养，提倡整体教育，强调自我教育，倡导民主平等的教育方式，注重在教育教学中运用反讽和精神助产的方法等等，从各个方面深入批判了传统教育的种种弊端，这对后世人们继续探讨什么是真正的教育，探索新的教育教学方法很有启发、借鉴意义。

《学习，别听学校的》

毕尔肯比尔

菲拉·费·毕尔肯比尔，德国教育家。曾留学美国，专攻心理和新闻专业。1970年以来，作为管理人才培训者和著作者赢得了国际声誉。她的培训对象包括宝马、IBM、西门子、索尼等世界著名公司。她的书和培训课以其不同凡响的方式，即"合乎大脑规律"的传授知识方式而著称。

作者称这本书是写给两种人读的，一是进入学校之前的学生的父母，二是思想开放的教育工作者。作者写道"每一个人都有权利得到最大限度的发展"，但是大部分人在开始接受教育时，其发展便同时开始受到了限制。针对这一点，作者对于学校制度下传统的、保守的教学思想和教学模式进行了有意识的挑战。这种挑战既非老生常谈，也不是泛泛空论，其独特之处在于她以合乎大脑的工作规律为原则，在抨击学校的种种偏误和僵化的同时，提出了一系列具体的改革和补救方法，并用自己的叙述方式为形象地传授思想，求知识做出了一个榜样。

作者的主要论点可以归结为两点。一是让孩子自由地学东西。"没有自由就没有知识"这句话对于任何人来说，都是真理。教

53

师一定要还给孩子的自由。但自由不是放任，自由不是替代，自由不是让他们在家中是皇帝、公主。学校整体来说真的是不自由，学校不可能让全体学生那样的自由，班级授课制自创办之日起，其实在某些方面就限制了学生的自由，当然这种限制并不是说孩子没有自由。当然现在的应试教育使孩子们的自由度更低了。所以，如果一味相信学校，孩子将会就会忘记自由。忘记了自由，就会把自己的人性忘记，就会做出许多极端的事了。

二是寓教于乐，"学习等于游戏"。为了孩子们能积极主动地学习，要让孩子游戏般地学到东西，要使学习过程重新成为一个有趣的、令人着迷的经历，而且要为孩子创造成功的经历。学习是游戏，而游戏同时也是学习。有兴趣，学习会相对轻松；有兴趣，能产生学习的原动力；有兴趣加有原动力，学习容易奏效。兴趣会是天生，也可后天养成，更多的是偶然激发而就，老师不仅要教好书，还要用心引发学生的学习兴趣。兴趣需要转化为持续的学习行动，也能够有助于这种转化。兴趣转化为持续的学习行动是一种链反应，兴趣引发自主学习，学习中的小小成功又加大了兴趣的力度，更大力度的兴趣使自己不由自主地投入更大的学习精力，张扬了学习的热情，学习将取得新的连续不断成功是显然的。

《论教育》

维夫斯

玖恩·维夫斯（1492～1540），西班牙学者、天主教教育理论家，被称为是"近代欧洲的昆体良"，和伊拉斯谟、布迪并称欧洲人文主义三杰。童年和少年时期在母亲的指导下受严格的传统家庭教育，后入本地大学受经院主义教育。1509年入巴黎大学，改信人文主义。1512年迁居比利时的布鲁日，后又到法国弗朗德，在卢万大学学习和讲学。1523年应亨利八世之邀，赴英任玛丽公主的导师，并在牛津大学任希腊文和拉丁文教授，还讲授哲学。1528年，离开英国，到了布鲁日，成为当时西班牙殖民地学术团体的领袖。主要作品有《论基督教妇女教育》、《智慧入门》、《论教育》、《关于大脑》等。

《论教育》又译作《论教学科目》、《人文学科的教学》、《知识的传授》等，是一部只自成体系的基督教教育学巨著。全书共分教育的起源、学校、语言教学、高级课程、学习和生活五卷。在当时引起了巨大的轰动，被誉为"文艺复兴时期最彻底的教育书籍"。

维夫斯认为教育的首要目的是造就具有虔诚行为和具有美德的人，力图将基督教的精华和人文主义的博雅结合起来。他重视

教育的作用，认为教育可形成一定的品质，也可以消除一定的品质。他不只仅从个人发展的角度看教育，而且还从国家利益的高度看教育，"必须考虑家庭、祖国和祖国以外的利益"。"儿童是共和国的种子"，应像罗马人那样培养儿童关心公共福利、热爱自己的国家。获取知识不是最终的目的，"一当我们获得知识，我们必须把它变成有用的东西，要它服务于公共福利事业"。

维夫斯重视家庭教育和早期教育。他认为，在孩子出生后，教育应该尽早地开始。母亲是孩子的第一个老师，同时父亲也应该发挥重要作用。维夫斯还谈到环境习染的作用。他认为校址的选择非常重要。当儿童到了一定年龄该入学校时，父母应为他选择一个好的学校，寻找一个智慧和德行赖以生长的地方。

在《论教育》第一卷第五章"知识的分类"中，维夫斯将知识划分为文法、修辞、哲学、几何、算术、音乐、历史、法律、科学、医学、伦理学、经济学、政治学等不同的领域。他将知识的学习与有用于实际、有益于虔信和德行联系起来，重视良好的学习态度和学风。他认为学习的目的不在于得到金钱，也不在于为了获得荣誉。所以应抛弃名利思想，不为世故所污，应时刻心存上帝，做一个虔诚有德的人，活到老学到老，"一个人必须不断进行学习，就像对任何事都无知一样"。总之，学习知识的目的在于有助于实用、有助于德行，学习知识的态度应端正。教学不仅仅传给学生知识，造就学生的品德，还应发展学生的能力。维夫斯指出，一个人只有理论的知识，而没有一点实践经验，如果你让他去做一件事，他的工作将是拙劣的。同样，实际的经验，如果没有判断，对一个人来讲，也是没有多大好处的。

他认为教育和教学应遵循儿童的天性，根据学生的个性特点，因材施教。学校应安排每个孩子学习他似乎最适合学的东西。教师要尊重儿童的天性，依据儿童的年龄特征进行教学。

维夫斯认为，"一个学生需要一个引路人，直到他知道路"，这个引路人便是教师。教师"以他的光点燃了别人心灵上的光"，所以教师的职业神圣而伟大。为师须有三个条件，教师不仅应有知识和品德，而且还应有教学的技能技巧。维夫斯认为："教师对学生的爱应是一个做父亲的爱，他应真正从心底爱学生，好像学生就是自己的儿子。"父亲给孩子以肉体，而教师则塑造孩子的心灵，"就心灵比肉体更加是一个人的重要部分来说，教师可以更实在地称作父亲"。

他还提到，教师之间应团结、应相互支持。教师之间"不应相互争论，要抛弃傲慢的心情"，"应该和谐地生活，以便能互相帮助"，大家都是上帝的仆人，都"正在做上帝托付的工作"，因而要团结互助，形成良好的教师集体，以加强教育的效果。

《大教学论》

夸美纽斯

夸美纽斯（1592～1670），捷克民主主义教育家，西方近代教育理论的奠基者。出生于"捷克兄弟会"会员家庭，由兄弟会资助完成了初、中等教育。16 岁时，作为兄弟会候补神职人员，到德国的赫尔伯恩大学学习哲学和神学。1614 年，大学毕业回到捷克，担任母校——普列罗夫拉丁文法学校的校长，开始献身于教育事业，并研究教育改革问题。1616 年开始尝试教育革新，并编写了一本《简易语法规则》的小册子。同年，被选任为兄弟会的牧师。1628 年前往波兰躲避战乱和宗教迫害。在波兰栖身 13 年，主管一所兄弟会的学校并担任物理教师。同时还潜心研究教育理论。主要著作有《语言学入门》、《语言学初听》、《大教学论》、《母育学校》、《物理学概论》、《世界图解》、《泛智学校》和《论天赋才能的培养》等。

《大教学论》是西方近代教育史上第一部体系完整的教育学著作。它的问世，第一次把教育学从哲学中独立出来，标志着独立的教育学的产生，奠定了近代教育体系的基础，启迪了近代世界各国的教育革新运动，对世界各国的教育产生了重要的影响，在世界教育史上占有重要的地位。夸美纽斯本人也因此被称为

"现代教育之父"。

全书共33章，其中第1～9章讲述教育的目的和作用；第10～14章讲述改革传统教育以及设立新的学校；第15～19章阐释了教育、教学的原则；第20～25章讲述了教学的一般方法；第26章论述了学校的纪律；第27～32章讲述新学校的制度；第33章阐述了实现教育理想的条件。

夸美纽斯认为，教育的社会目的是改良社会、实现和平；教育的个人目的就是培养德、智、体、信仰和谐发展的人。人要想成为一个真正的、合格的"人"就必须接受教育。每个人生来都不具有任何知识，但是，每个人都有接受教育、学习知识的能力。因此，他反对认为儿童由于"智力迟钝"而不适合学习的观点，还指出，作为教师不能对任何一个孩子失去信心，更不要放弃自己应有的努力。

他从"人"的角度出发，根据当时新人文主义世界观要求打破宗教迷信的束缚，重新认识自然，歌颂自然的要求，得出教育的总原则是：教育要适应自然，亦即人的发展以及对人进行的教育活动要服从自然天性。这一原则还要求教育要依据儿童的自然本性来进行，也就是要依据儿童的生理和心理的发展状况来进行。在此基础上，夸美纽斯还提出了直观性、循序渐进、巩固性等具体原则。直观性原要求在教学过程中，教师应尽量让学生通过观察实际事物来学习，如果看不到事物本身，可以借助模型图像，本着先整体后部分的规则呈现给学生。

夸美纽斯根据当时学校组织的分散，学生上学状况没有统一规定的状况，提出了改革学校体系，建立学年制和班级授课制。

他根据将人的学习分成的四个阶段来划分，每个阶段6年，共24年。每个阶段由相应的学校进行教育。这种互相衔接的统一的学校体系打破了受封建等级制度限制及其没有系统的学校体制的状况。学年制度方面，他提出公立学校每年只招一次学生，秋季开学；所有的学校要在每年的同一时间开学、放假；学生一经入学，就必须坚持完成学业，不允许中途退学和旷课。所有的学校工作和教学也要按时间安排好，这样可以使一个班的学生在同一时间达到规定的标准。在年终进行考试，考试合格的学生同时升入更高的年级学习。

夸美纽斯为各级学校制定了相应的课程，大大丰富了教学的内容。在儿童6岁以前，在家庭中学习有关社会生活和自然界中的初步知识；在初等学校里，除了传统的读、写、算等，还增加了天文、地理、历史、政治与经济等生活的基本常识性知识；在中等学校中，要学习四种语言和传统的"七艺"，新增的课程有物理、地理、历史、伦理学和神学等。在高等教育中，就是按当时的做法设神学、医学和法学三科，最后以旅行结束，没有增加什么新的课程。他提出的这些教学的科目，基本上确定了资本主义时期学校课程的范围。

夸美纽斯还提出，不管贫富贵贱和男女，都应该进学校接受教育，必须将初等教育普及到普通民众。他强调学习祖国的语言，并要求教师用本民族的语言进行教学。他认为，儿童入学首先要学习祖国语言，因此，他把初等学校更名为"国语学校"，并坚持在拉丁语学校中学习拉丁语时，还要继续坚持学习祖国的语言。

《儿童的世纪》

爱伦·凯

爱伦·凯（1849～1926），瑞典女教育家、作家、妇女运动活动家，新教育运动的倡导者之一。出生于贵族家庭，其父是激进的国会议员。自幼生活在富有自由思想的家庭环境中，所受的教育完全是家庭教育。她爱好文学，曾广泛地涉猎了进化论、优生学、哲学、心理学和教育学等方面的知识。1872年随同父亲周游了欧洲的许多国家，对其思想影响较大。回国后她潜心于卢梭、达尔文、尼采、斯宾塞、洛克等人著作的研究，1874年开始在家庭杂志发表妇女问题与儿童教育方面的文章。1879年，她就职于一女子学校，后在斯德哥尔摩平民大学承担瑞典文明史讲座达20年之久。她一生主要从事写作、教学和社会宣传活动，其中心内容是妇女解放和儿童的权利及教育问题。主要著作有《儿童的世纪》、《妇女运动年》、《未来学校》、《恋爱与结婚》、《二十世纪的儿童世界》等。

《儿童的世纪》是爱伦·凯在迎来1900年新年钟声的同时完成的。这象征性地告诉人们，即将到来的世纪将是"儿童的世纪"。作者把儿童看作时代的未来，强调儿童教育的重要性，并把儿童和家庭、婚姻、妇女权利等联系起来，用全面、系统的观点

研究儿童问题；强调教师和父母必须研究和了解儿童，注意发挥儿童的主动性、积极性和创造性。

本书由两部11章构成。第一部由4章构成，主要从妇女权、家庭环境等角度，论述了优生优育和儿童的早期教育问题。第二部由7章构成，主要论证了她的自然主义的儿童教育观。本书出版后就成了父母教育孩子的教科书，许多父母从中了解了儿童的特点，学到了教育孩子的方法，并明确了家长在建立良好家庭中的责任。

本书在世界教育科学发展上也占有重要地位。一是本书所体现的自然主义儿童教育观直接指导了当时的"新学校"运动，影响了欧洲各国和北美。以后又发展成为"儿童学"的理论，并得到广泛传播。爱伦·凯因此也和比利时的教育家德可乐利、意大利教育家蒙台梭利、德国教育家凯兴斯泰纳等成为19世纪末20世纪初西欧资产阶级教育思潮的主要代表人物。二是在教育科学发展史上，本书是全面研究儿童及儿童教育的专著。三是本书研究儿童教育的方法对教育科学研究具有重要的启示。四是本书所体现的儿童教育思想，在世界范围内引起了巨大的反响，成了各国改革儿童教育的理论依据。

《儿童的人格教育》

阿德勒

阿尔弗雷德·阿德勒（1870～1937），奥地利心理学家、精神病理学家，个体心理学派的创始人，人本主义心理学的先驱，现代自我心理学之父。出生于奥地利维也纳郊区一个富裕的商人家庭，1895年进入维也纳大学，取得医学博士学位后，成为眼科和内科医生。1902年参加弗洛伊德周三讨论会，是当时精神分析学派的核心成员之一。1910年任维也纳精神分析学会主席。1911年因突出强调社会因素的作用，公开反对弗洛伊德的泛性论而导致两人关系破裂。随后创立个体心理学学会，1912年改称个体心理学会，成为一个颇有影响的学派。1914年创办《国际个体心理学杂志》。1920年后任教于维也纳教育学院，并在学校系统中组织儿童指导临床活动，成立儿童指导中心。1922年至1930年期间，主持召开了五次国际个体心理学会议。1926年任美国哥伦比亚大学的客座教授，1932年他到长岛医学院任美国医学心理学的第一个讲座。主要著作有《神经症的性格》、《器官缺陷及其心理补偿的研究》、《理解人类本性》、《个体心理学的实践与理论》、《生活的科学》、《生活对你应有的意义》（又译《超越自卑》）、《神经症问题》等。

全书共分为14章。其中第一章是引言；第二章讲述人格的统一性；第三章探讨追求优越及其对教育的意义；第四章是追求优越感的引导；第五章论述自卑情结；第六章讲述儿童的成长以及防止自卑情结；第七章讨论社会情感和儿童成长的障碍以及儿童在家庭中的地位；第八章探讨孩子在家庭的位置和儿童的心理处境及其矫正；第九章构建作为准备性测试的新环境；第十章讲述孩子在学校；第十一章论述外在环境对儿童成长的影响；第十二章讨论青春期和性教育；第十三章探讨教育的失误；第十四章讲述对父母的教育。书后还附有一个个体心理问卷和五个孩子的案例及其评论。

阿德勒提出了关于人的自卑感的理论，他认为人的人格结构形成于童年期，要解决一个人的人格心理问题必须从他的童年着手。因此，帮助儿童形成正常的、健康的人格是教育儿童的首要和核心问题。阿德勒反复强调要用正确的方法帮助儿童培养和建立独立、自信、勇敢、不惧困难的品质和积极与他人、集体合作的能力。

阿德勒认为，儿童在成长的过程中会出现各式各样的问题，问题儿童的"不良"行为只是问题的表面现象，它的根源在于这些儿童在追求优越的过挥中选择了错误的方向，采取了错误的方法和手段。而正确解决这些问题的前提是要对人格的形成和结构有确切地了解，才能从根本上根治儿童在成长过程中出现的棘手问题。

《童年的秘密》

蒙台梭利

　　玛丽亚·蒙台梭利（1870~1952），意大利教育家，蒙台梭利教育法的创始人。出生于一个天主教家庭，幼时就萌发了关心和照顾年幼儿童的思想。少年时立志学医，1890年秋天，考入罗马大学医学院，并成为了意大利第一位医学女博士。医学院毕业后，被聘为罗马大学精神病所的助理医生，开始对智力迟钝儿童的教育问题感兴趣。后来，前往国立特殊儿童学校工作，一直想把智力缺陷儿童的教育方法应用于正常儿童。1907年，在罗马贫民区创办了第一所"儿童之家"，尝试把她的教育方法应用于智力正常的儿童，实验取得了巨大成功。接着，又在罗马和米兰开办了"儿童之家"。为了进一步传播自己的教育思想，蒙台梭利又在国内外开设训练班，培养了很多蒙台梭利学校的教师。1929年，国际蒙台梭利协会在荷兰成立，她亲自担任主席，直到1952年去世为止。主要教育著作有《蒙台梭利方法》、《高级蒙台梭利方法》、《童年的秘密》、《有吸收力的心理》等。

　　《童年的秘密》是一本了解儿童发育和成长秘密的生动著作，是蒙台梭利对幼儿之谜的有益探索和解答，记录了她在学前儿童研究方面的教育理论和成果。全书围绕着学前儿童身心发展，主

意大利

要论述了幼儿生理和心理的发展、幼儿教育的原则及环境、幼儿心理的歧变、成人与儿童的冲突等四个方面的问题。

在书中，蒙台梭利详细而生动地描绘了儿童的生理和心理特征，让世人了解到，儿童具有丰富的潜能，但儿童只有在一个与他的年龄相适应的环境中，他的心理生活才会自然地发展，并展现他内心的秘密。而有些儿童之所以不能正常地发育和成长，主要是因为受到成年人的忽视和压抑。因此，幼儿教育的原则和方法应是理解、尊重儿童，根据儿童身心发展的规律，为儿童实现自身的潜能提供所需的帮助。

蒙台梭利在书中还阐述了一个重要的发现，即儿童智力发展的"敏感期"问题，这对儿童的早期教育具有重要意义，蒙氏发现儿童在6岁之前的不同阶段对语言动作、细节、程序、书写、阅读等会分别表现出强烈的敏感，这段时间相关的学习十分容易、迅速，是教育的绝好机会，但这一段时间过后，这种强烈的兴趣就会消失。所以抓住时机，进行教育，就可以奠定孩子一生的发展基础。

她强调，对于父母来说，他们不仅应该关注孩子身体发育的需要，更应该关心孩子心理发展的需要。作为教师来说，他们最紧迫的任务应该是摒除内心的傲慢和偏见，尊重儿童，理解儿童，和儿童建立一种新的关系。他们应该接受专门的培训和指导，成为受儿童欢迎的新型的教师。

《爱的教育》

亚米契斯

　　埃德蒙多·德·亚米契斯（1846～1908），意大利小说家，意大利民族复兴运动时期的爱国志士。从小喜爱军旅生活，16岁就进入莫德纳军事学院学习，1865年毕业后成为军官。1866年，参加了解放意大利的战争。退役后，担任了一家军事刊物的记者，从此开始专事写作。22岁那年，发表处女作《军营生活》。他曾周游世界各国，撰写了许多游记，其中著名的有《西班牙》、《伦敦游记》、《摩洛哥》、《巴黎游记》。1879年至1889年期间，写了许多有关社会题材的作品，如《朋友们》、《在海洋上》等，特别是描写少年生活的特写集《爱的教育》，为他赢得了世界声誉。晚年关注社会问题，继而投身政治。之后的作品包括长篇小说《一个教师的小说》、《五月一日》和短篇小说集《学校和家庭之间》。

　　《爱的教育》是亚米契斯自1876年至1886年耗时十年完成的日记小说。该书的意大利文名为《心》（Coure），许多国家均有译本，但书名不一致。这是一部以教育为目的的儿童文学作品。它弘扬伟大的爱国主义，歌颂人与人之间团结友爱的高尚情怀；鼓励人们消除阶级观念，在日常生活的交往中，努力实现各阶级

意大利

人民相互尊重和相互平等，从而唤起人们心中真挚美好的"爱"的情感。

小说以一个小学生安利柯的眼光，从当年 10 月份开学的第一天，一直写到第二年 7 月份，记载了他 9 个月的四年级生活。全书共 100 篇文章，包括三部分内容：主人公安利柯在一个学年中所记的日记、其父母为他写的劝诫启发性的文章，以及老师在课堂上宣读的发人深省的小故事。"爱"贯穿在每一个章节中，既有国家、民族、社会的"大我"之爱，也有父母、师长、朋友的"小我"之爱，处处动人心弦，感人肺腑，寄托了作者对理想世界的美好向往。

书中还描写了一群充满活力，积极要求上进，如阳光般灿烂的少年。他们的境况不一，有的家庭贫困，有的身有残疾，也有一些是生活在幸福中的。他们每个人从出身到性格都有不同之处，但他们身上却都有着一种共同的东西那就是对自己的祖国意大利的深深的爱，对亲友的真挚之情。

《葛笃德如何教育她的子女》

裴斯泰洛齐

约翰·亨里赫·裴斯泰洛齐（1746～1827），瑞士教育家。毕业于加罗林学院。1768 年创办示范农场，不久因经营不善而难以为继。次年，结婚生子。在抚养儿子的过程中，完全按照卢梭《爱弥尔》一书的要求教育儿子。1774 年，开办了一所孤儿院，但由于不擅长管理，又得不到社会支持，于 1780 年被迫关闭。此后，著书立说总结自己的教育经验，先后写成《隐士的黄昏》、《林哈德和葛笃德》，后者为他在整个欧洲赢得了巨大声誉。1799年，在瑞士政府设立的孤儿院里主持工作，开始了第二次教育实验。由于战争影响，实验只持续了五个月就结束了。1800 年，与朋友一起在布格多夫建立了一所新的学校，即著名的"伊弗东学院"，开始了他第三次教育实验，并取得了显著的成绩。在此基础上，撰写了《葛笃德怎样教育她的子女》一书，此书为他赢得了世界性声誉。1825 年，伊弗东学院因管理不善而宣布停办，裴斯泰洛齐回到故乡，潜心总结自己多年来的教育经验与思想，先后写了《天鹅之歌》和《生命归宿》。

从 1800 年开始，裴斯泰洛齐采取了与一位出版商通信的形式阐述自己的教育思想，一共写成 14 封信。后来，这些书信被汇集

瑞

士

成书，便是《葛笃德如何教育她的子女》，只是出版时，第七封信又被拆为两封，故全书共15封信。本书是裴斯泰洛齐在教育理论上总结的成果，作为19世纪西方初等教育最受欢迎的著作，被誉为"初等教育的圣经"。书中论述的要素教育思想不仅在瑞士，而且在欧美其他国家产生了广泛而深刻的影响，因此19世纪兴起了"裴斯泰洛齐运动"，甚至有人把19世纪称为"裴斯泰洛齐的世纪"。

该书借助葛笃德的形象，系统地阐述了裴斯泰洛齐的教育教学思想，提出来了一整套在当时看来是革命性的教学原则与方法。全书内容主要分为四个部分：

第一部分（第1～3封信）批判了旧教育的弊端，论述了自己对教育实验的理解。裴斯泰洛齐认为，要想使劳动人民从知识不足、道德沉沦中解放出来，获得较好的生活，唯一的出路就是让他们从小接受教育，使个性和能力得到充分发展，自己拯救自己。除此之外，他还认为，必须变革教育的观念和制度才能从根本上改变目前的教育现状。

第二部分（第4～12封信）论述了教学问题。裴斯泰洛齐认为教育必须适应自然，必须顺应儿童的天赋能力和力量。在裴斯塔洛齐看来，所有的人生来就蕴藏着各种能力和力量，只有教育才能使他们发展起来，在发展各种能力时，不可强制，重在引导。只有这样，才能实现教育目的。他还提出了"要素教育"思想。就是说初等学校的教育教学要从最简单的、最基本的要素开始，由易到难、由简及繁、由近到远，循序渐进，使教育、教学方法简单化、容易化。这是为了简化教学方法，使得最普通的人即使是农村妇女也有可能自己教他的孩子。他进一步指出了各方面教育最基本的要素，如体育的最基本的要素是关节活动，道德教育的基本要素是亲子间的情爱。在智育要素问题上，裴斯泰洛齐强调直观是教学的基础，并确立它为教学的最基本的原则。

第三部分（第13封信）主要论述了实际活动能力的培养问题。作者认为，体力活动蕴含着人的一切复杂实践能力的基础，包括各种职业能力的基础。必须把培养行动能力作为一个相对独立的教育过程，同时要注意它与道德教育、智力发展过程的内在联系。

第四部分（第14～15封信）主要阐述道德精神和宗教情感的培养。作者认为母爱是道德教育的基础，热爱他人，直到对上帝的挚爱是道德精神的核心。同时要将道德力量和宗教情感结合起来。

瑞

士

《教育科学与儿童心理学》

皮亚杰

皮亚杰（1896～1980），瑞士儿童心理学家和教育学家，发生认识论心理学体系的创立者。16岁时，成为国际知名软体动物学家。22岁时，获得纳沙特尔大学的科学博士学位。1919年，在巴黎大学学习病理心理学、数理逻辑和哲学、认识论、科学史等课程。1921年，到日内瓦卢梭学院工作，开始研究4～12岁儿童

的言语、概念和推理过程。1925～1931年间，重点研究儿童的各种动作与人、物、情境的关系，提出了有关儿童智力发展、儿童象征行为（游戏和模仿）的一系列重要理论。1933年，担任儿童心理学教授，1941年任日内瓦大学教育学院院长兼实验心理学讲座和心理实验室主任。1939年后，把数理逻辑引进儿童心理学，并根据心理学研究成果来改革教育方法。20世纪40年代，致力于研究儿童知觉的发展。20世纪五六十年代，扩大为对青少年群体的研究和对发生认识论的研究。1955年，创建了国际发生认识论中心并任该中心主任。该中心把各国著名哲学家、心理学家、教育家、逻辑学家、数学家、语言学家和控制论学者集合在一起，共同研究发生认识论，对儿童各类概念以及知识形成的过程和发展进行多学科的剖析研究。

《教育科学与儿童心理学》是皮亚杰的代表作之一。全书分为两部分10章，第一部分论述1935年以来的教育与教学，具体包括教育学的发展、儿童与青年心理学、教学方法、教育规划、教学计划、结构改革、教育的国际合作、师资培训工作等内容。第二部分论述教育新方法的心理学基础，包括新方法如何产生及教育原理与心理学的论据。书中蕴藏着丰富的教育思想，其核心观点是教育应当成为建立在心理学基础之上的"一门科学"。书中体现的皮亚杰的儿童认知发展理论，特别强调儿童的主体性、主动性、活动性和建构性，对当代西方心理学的发展以及教育理论与实践产生了重要影响，已成为世界各国改革各级各类教育的重要理论依据。

在本书中，皮亚杰以深邃的洞察力、独特的研究方法、严谨的实证探索揭示了儿童认知发展的规律，令人信服地刻画了儿童认知发展的心理特点和机制，有力地批驳了传统教育中无视或忽视儿童的错误。皮亚杰指出，新的教育方法与传统教育方法有着根本区别。传统教育方法把儿童视为"小大人"，目的是把他们塑造为未来的成人，视儿童的教育为"改造"。新教育方法所依据的是儿童认知发展理论，充分考虑到儿童的特征、心理结构和认知发展的规律。他认为，教育就是使个人适应于周围的社会环境。传统学校教育把学习强加在学生身上，使学习变成学生的负担，而新学校教育从儿童的需要和兴趣出发，使学习不至于变成学生的负累。

此外，皮亚杰论述了各种不同的教学方法，如注入式教学法、直观教学法、活动教学法、程序法与机器教学。其中活动教学法注重学生的自主学习，重视学生的主体性和自我发现，让学生在活动中理解关系，培养判断力、探索和发明创造精神。依据皮亚杰的理论，知识是主客体相互作用的产物，而动作是主客体相互作用的桥梁，这就启示教育工作者应组织各种各样的活动，使儿童在活动中发展智力，成为知识海洋中的主动探索者。

瑞

士

《人是教育的对象》

乌申斯基

乌申斯基（1824～1871），俄罗斯教育家，俄罗斯国民学校和教育科学的奠基人，并被称为"俄国教师的教师"。毕业于莫斯科大学，曾任法律专科学校教师、孤儿院教师。1854～1859年出任加特钦纳孤儿院学监期间，开始从事教育理论研究工作。1859年，担任斯莫尔尼贵族女子学院的学监，对该校的教育教学进行了全面改革，创立了俄国女子师范教育。后因进步的教育改革活动招致当局不满而被解职，并被遣送出国，滞留国外达五年之久。流亡国外期间，对瑞士、德国、法国、比利时等国的教育现状进行了全面而深入的考察，完成了《人是教育的对象》第一、第二卷的撰写。其他著作还包括《祖国语言》、《儿童世界》《教育人类学第三卷的资料》等。

《人是教育的对象》乌申斯基最重要的教育理论著作。全书包括三卷，前两卷分别于1868年、1869年出版。第三卷仅是作者在国外收集的资料，1908年以《教育人类学第三卷的资料》为书名出版。前苏联学者对本书的教育理论水平和学术价值给予了极高的评价，称其为"俄国古典教育学的王冠"、"俄国心理学著作中最重要的里程碑之一"。

本书内容宏大，主要从生理学和心理学角度论证教育的原理、过程、方法。并向人们科学地论证了建立整个教学体系时，必须根据人在个体发育过程中的心理发展和生理发展的规律性。

在该书"序言"中，作者阐述了教育和教育理论建设的重要性、教育学性质及建立和发展教育理论的道路问题。作者指出，教育科学的主要对象是在教育过程中研究人，将教育学称作艺术，且是"一切艺术中最广泛、最复杂、最崇高和最必要的一种艺术"。认为教育科学须广泛介绍与教育相关的社会科学、自然科学和心理科学，并以它们提供的规律性知识为依据，确定教育目的和内容，选用各种教育手段和教育措施。有关论述还涉及对教育学的本质及基础等问题的认识。

申斯基把民族性原则作为教育理论的基础，反对照搬外国的教育、教学模式，主张建立独创的俄罗斯教育体系和教育理论。他非常重视民族语言在教育上的作用。根据对生理学和心理学的研究，他强调教学必须适应儿童的年龄特征，并对教学原则和方法作了论述。

《国民教育论》

列夫·托尔斯泰

列夫·托尔斯泰（1828～1910），俄国作家，批判现实主义文学的杰出代表。出生于贵族家庭。父母早亡，在姑母和家庭教

师的教养下长大。一生大半时间是在自己的庄园中度过。1844 年入喀山大学的东方语文系学习，后转学法律，受卢梭和伏尔泰的启蒙思想的影响，开始对农奴制社会和学校教育不满，于 1847 年退学回家。他一生热心教育事业，曾亲自开办学校，撰写了不少教育论著和教科书。

《国民教育论》是托尔斯泰于 1874 年在《亚斯那亚·波良那》教育杂志上发表的一篇文章，是托尔斯泰教育思想的代表作。

在这篇长文中，托尔斯泰较系统地阐述了自己的教育观。文章是从落后的宗法式农民的立场来研究国民学校问题的。作者反对那些聘有合格教师的、"巨资兴办"的地方学校，而建议成立极简单的农民识字学校。在这些学校里，由一些教堂的下级职员、退伍士兵和祈祷者充任教师，他们仅在教学期间（一年中教学七个月）收取学生家长所付与的微薄酬金；他们教给农民儿童认识俄罗斯文字和斯拉夫文字，教他们计算和神学，"此外就不用再教什么东西了"。在选择教学方法时，应以学生对某种方法的态度为根据。只有那种使学生感到满意的教学方法，才是正确的方法。不应当只遵循某一种方法，应当运用各种各样的方法并想出一些新方法。学校应当成为教育实验室，教师在自己的教导工作中，应当表现出独立的创造性。建筑校也是不必要的，在不得已的时候，农民可以利用板棚作校舍，或是教师每天轮流到那些有子女上学的农民家里去上课。

这篇文章对于封建的和资产阶级的文化、教育学和学校，作了尖锐而激烈的批评。他揭露了学校的形式主义和迂腐习气，以及对儿童个性的压抑。托尔斯泰的教育思想对俄国以至后来的前苏联教育都产生了深刻的影响。正如克鲁普斯卡娅评价的那样："……托尔斯泰的教育论文。对于持任何观点的教育家来说，都是取之不尽的思想的和使精神愉快的宝库。"

《思维和语言》

维果茨基

列夫·谢苗诺维奇·维果茨基（1896～1934），前苏联心理学家，"文化－历史"理论的创始人。1917 年毕业于莫斯科大学法律系和沙尼亚夫斯基大学历史哲学系。1924 年到莫斯科心理研究所工作。1925 年发表了《意识是行为主义心理学的问题》，明确提出研究意识问题对科学心理学的重大意义。1931 年撰写重要代表作《思维和言语》，详细论述了他对高级心理机能的社会起源与中介结构的理论观点，同时还对皮亚杰关于儿童自我中心言语的观点做了详细评述。此外，还写有多篇论文阐述教学与发展的关系，提出了"最近发展区"、"教学必须走在发展的前面"等观点。维果茨基一生着重探讨思维与语言、儿童学习与发展的关系等问题，在前苏联心理学发展史上起着奠基作用。

《思维和言语》一书是维果茨基后期的主要代表作，汇集了

作者工作的主要方面，尽管其主题是思维和语言的关系问题，但是它却深刻地展现了具有高度创造性和缜密思考的智力发展理论。本书翻译成英文在美国出版后，对西方心理学和教育学的发展产生了广泛而强烈的影响，他因此被西方学者称为"心理学界的莫扎特"。

该书对思维和语言的主要理论进行了严格分析。维果茨基既反对把思维与言语等同起来的观点，也反对把两者完全割裂开来的观点。在维果茨基看来，心理活动是一个复杂的整体，这个整体可以分解为基本特性。在生物学领域，这种分析的产生就是活的细胞，它保持着有机体所固有的一切基本特性；思维与言语的关系也需要有这样的单位，它本身包含着言语思维作为整体所固有的特性。在这样的分解时，不能把言语思维分解为彼此孤立的元素——思维与言语，然后试图研究不依赖于言语的思维和不依赖于思维的言语，并把两者之间的联系视作两个不同的过程之间纯粹外部的、机械的依赖关系。这样的分解方式是把复杂的言语思维分解为失去其整体特性的思维与言语两个元素。

《教育诗》

马卡连柯

安·谢·马卡连柯（1888～1939），前苏联教育家、作家。生于工人家庭。1905年中学师资训练班毕业后开始从事教育活动。1911 年到铁路学校任教。1914 年 8 月进入波尔塔瓦师范专科学校学习。毕业后，被派到克留可夫站高级铁路职工子弟学校担任校长，后来又在波尔塔瓦市立第二小学当了两年校长。1928 年任捷尔任斯基公社的工作，任务是把那些 13～17 岁的少年犯和流浪儿童教育成为新人。1935 年 7 月担任乌克兰共和国内务人民委员部工学团管理局副局长。1936 年 10 月开始兼任基辅郊区的布洛瓦尔工学团领导人，一年后辞去乌克兰共和国的行政职务。1937 年 2 月迁居莫斯科，之后主要从事教育的经验总结、理论研究和宣传工作。主要著作有《教育诗》、《父母必读》、《教育过程的组织方法》、《儿童教育讲座》、《普通学校的苏维埃教育问题》等。

《教育诗》创作于 1925～1935 年作者在工学团工作的时期。当时，马卡连柯受命承担拯救因战争和社会动荡而流浪并走上犯罪道路的儿童的工作。他根据自己和流浪儿童实际接触的切身体会，同时分析研究了各类犯罪儿童不同的心理情绪和生命烙印，经过长期的教育实践和艰苦复杂的创作过程，以诗一般的激情创作了这部反映工学团的劳动和生活的作品——《教育诗》。小说描写了一个教育集体的形成，叙述了怎样将一群乌合之众转变为社会新人的故事。本书文笔娴熟幽默，充满激情，将诗意与教育原理相结合，是十月革命后苏维埃最宝贵的教育学遗产，在世界教育史上占有重要的地位。

全书分三部分，共 61 章。第一部分描写的是高尔基工学团的初建过程。苏联政府为了国家和人民的长远考虑，也为了孩子们，

决心收留在战争期间走上犯罪道路的大批流浪儿童，通过教育和培养使他们成为社会新人。1920年9月，办起了高尔基儿童劳动教养院。马卡连柯根据自己的教育经验，分析了流浪儿童堕落的根源，确认少年儿童犯罪是由于他们所处的当时的社会条件造成的。他采取循循善诱的办法教育儿童。

第二部分写的是高尔基工学团成长的过程。马卡连柯组织学员开垦了4万多平方米土地，种上了冬小麦、春小麦、马铃薯、甜菜等粮食和蔬菜，使学员们摆脱了饥饿处境。他们不仅建立了养猪场，并且还成立剧团，建立剧院，以此来提高孩子们使用语言和表演的能力以及文化素质和道德水平。

第三部分写的是高尔基工学团迁往库里亚日及其改造的过程。搬到库里亚日不久，工学团接管了管理不善的"儿童之家"的280名儿童，并很快征服了他们，建立起了更庞大、更坚强的集体，在新学校还建立了马房、猪圈、金属加工坊等。在这里孩子们都成长得很快，工学团因此引起社会各界和国外的注意，高尔基也曾亲自到工学团来参观。

在马卡连柯看来，所有的儿童一生下来都是一样的，有的儿童之所以染上了坏毛病总有其深刻的社会根源，教育的任务就是将这些失足的儿童从恶源里拯救出来。他认为，儿童的教育必须在集体中进行，这样他们才会有归属感和纪律性。教师要通过集体来影响学生，通过集体中的规章制度对个人形成制约的作用。同时，集体成员间也是相互影响的，这种学生集体有着教师不可替代的作用。他主张劳动教育与文化知识教育相结合。劳动必须与文化知识的教育、政治的和社会的教育相结合，才能真正的发挥效用。

此外，因为工学团的儿童都是社会上的流浪儿、甚至是走上犯罪道路的儿童，马卡连柯特别提出要尊重、信任儿童，采取正面教育的方法。在他看来，所有的孩子都是好的，都是普通的孩子。在对待这些孩子的过程中，他一开始就欢迎他们，和他们建立彼此信任的平等的关系，同时，努力让他们忘记过去，积极地提高他们的自信心，培养其积极的思想意识。

《帕夫雷什中学》

苏霍姆林斯基

苏霍姆林斯基（1918～1970），前苏联著名的教育实践家和教育理论家，前苏联教育科学院通讯院士。他长期在基层学校工作，积累了丰富的实践经验，并随时将这些经验以辩证唯物主义和现代心理学的理论中以提炼，逐步形成了一整套培养全面和谐发展的人的教育思想体系。代表作主要有《和青年校长的谈话》、《给教师的一百条建议》、《帕夫雷什中学》、《把整个心灵献给孩子》、《公民的诞生》。他的著作既有理论深度，又有生动事例，被誉为"活的教育学"、"学校生活的百科全书"。

《帕夫雷什中学》一书是苏霍姆林斯基根据个人经验写成的，是他在帕夫雷什中学任教 33 年，其中包括 26 年任校长工作的经

验总结。此书比其他书更集中、更全面地阐述了他的教育信念、办学思想及施教措施。

全书共分七章，书的前言部分言简意赅地阐述了作者的基本教育信念。他认为，教育目的在于每个人的全面而和谐的个性发展。

第一章"全体教师团结一致是教育教学工作成功的保证"，通过生动事例介绍了该校从校长到整个集体朝气蓬勃的概貌，提出了一系列独到的教育学观点，如"学校领导是教育科学的领导"、"教育学应成为'大众的科学'"、"好教师的条件"等。

第二章"学校的物质基础及学生周围的环境"，则是把该校富于教育性的物质环境生动形象地展示在读者面前。告诉读者课堂教学的环境、课外活动环境、校园、校舍内部陈设等，都有很大教育意义。孩子们在周围经常看到的一切，对于他们精神面貌的形成具有重大的意义，因此"这里的东西都不应当是随便安排的"，都要"有所诱导"，"有所启示"。

第三至第七章分别就体育与健康、德育、智育、劳动教育、美育五个方面详尽地阐述了作者对教育的独到见解和做法，他主张从个性的全面和谐发展的高度看待德育、智育、体育、劳育、美育以及其他一切活动。

对于"关注健康与体育"问题，他指出，"只有当孩子每天按自己的愿望随意使用5~7小时空余时间，才有可能培养出聪明的、全面发展的人来"。从童年起培养积极休息的习惯，是教育的重要原则之一，各种活动的恰当交替、满足审美需要的劳动、积极欣赏大自然美都是种休息。对于"德育"问题，他主张，学校首先应对学生进行公民的基础教育，即公民的观点、信念、情感、品德、行为、言行一致方面的教育。在日常生活中，要注意培养儿童的爱心和同情心，因为"没有对人的同情心，就不可能有仁爱精神"，"爱全人类容易，爱一个人难，去帮助一个人比宣称'我爱人民'要困难得多"。在"美育"方面，作者主要阐述了"美"认识与培养。他指出，"人在智力上的深入发展是丰富审美需求和审美感的一个重要条件"，因此要向孩子广泛介绍世界文化成就及人类文化珍品。审美感受和审美创造相互联系，对审美素养的培养具有很重要的意义。只有当人经过劳动创造了美的时候，美才会使人高尚起来。

《教学与发展》

赞科夫

列昂尼德·弗拉基米罗维奇·赞科夫（1901～1977），前苏联教育家、心理学家。1917 年秋中学毕业后，即担任乡村学校教师。后在儿童农业营（孤儿教育机构）任教导员和主任。在莫斯科大学心理学系毕业后，开始从事发展心理学和缺陷儿童教育学的研究。1943 年俄罗斯联邦教育科学院（1966 年改为苏联教育科学院）成立时，被推选为编辑出版委员会最初的 14 名成员之一。先后担任缺陷儿童研究所所长、教育理论和教育史研究所副所长和"实验教学论实验室"负责人。1952～1956 年，领导教育实验研究，对学生掌握知识的过程以及发展观察能力、思维能力

等问题，进行实验考察和心理分析。1957年到1977年间，进行小学教学的实验研究，建立了新实验教学论体系。1970年，前苏联教育部按照他的理论和实践，把全国小学一律改为三年制，并改编中小学各科教材。由于其学术成就卓著，赞科夫和美国的布鲁纳、德国的根舍因一同被国际上誉为"课程现代化"的三大典型代表。主要著作有《教学与发展》、《教学论与生活》、《和教师的谈话》、《论教学论研究的对象与方法》及《论小学教学》等。

1957年到1975年，赞科夫在前苏联教育科学院普通教育学研究所的"教学与发展问题"实验室中领导进行了小学教学的实验研究。1975年出版的《教学与发展》一书即是他对实验室工作全面的系统的总结。该书反映了现代社会对教育的要求及教育发展的新趋势。书中提出的"教学与发展"理论，运用并发展了他的导师、前苏联著名心理学家维果茨基的"最近发展区学说"，成为当时改革初等教育的科学基础和当代教学论方面的重要理论之一。

全书共分为三编20章。第一编（第1~6章）题为"实验教学论体系"，第二编（第7~10章）题为"学生的发展进程"，第三编（第11~20章）题为"学生的学习"。

赞科夫主张对传统教育进行根本变革，建立新的教学论体系，即实验教学论体系，其指导思想是"教学要在学生的一般发展上取得尽可能大的效果"。他的"一般发展"理论强调两点：一是个性发展的整体性，即"学生个性的所有方面"（包括观察力、思维能力、操作能力以及语言、性格、情感等）；二是个性发展的动态性。

在此基础上，赞科夫论述了他的五大教学原则。这些原则是：以高难度进行教学；以高速度进行教育；理论知识起指导作用；使学生理解学习过程；使全体学生（包括最差的学生）都得到一般发展。赞科夫打破了教学实际上只传授知识、技能和技巧相联系的旧模式，以相互联系和制约的五项原则为核心，综合地安排教学结构，组织全部教学过程。把教学同发展联系起来，建立了一套新的教学体系，从而大大提高了学生掌握知识和技巧的能力，把教学推上了一个新台阶，这是教学论中一次根本性的改革。

在研究学生的发展进程方面，赞科夫通过描述儿童的观察活动、思维活动和实际操作，来揭示儿童的一般发展进程和水平，并且使用了心理实验的方法。不过，心理学提供的事实和原理在教育实验中不是依据，而"只是起着辅助的从属的作用"。赞科夫认为，在学校教学中，学生掌握知识和技巧都存在直接和间接途径。直接途径就是积累和领会各种知识，做各种作业和练习。间接途径是学生在一般发展上的进程。

《教学教育过程最优化》

巴班斯基

巴班斯基（1927～1987），前苏联教育家、教学论专家，"教

学过程最优化理论"的创立者和代表人物。出生于农民家庭。1945年进入顿河－罗斯托夫师范学校数学物理系学习。毕业并留校工作。1958～1969年担任罗斯托夫师范学院副院长。1974年当选为苏联科学院院士。1981年起担任苏联教育科学院副院长。发表著作约300多部（篇），代表作是《教学过程最优化——一般教学论方面》、《教学、教育过程最优化——方法论基础》、《教育学》等。

《教学过程最优化理论》曾被前苏联教育部批准列入全国师范院校教育学新教学大纲之中，是苏联教育科学和教学实践进程中的一个阶段性标志。巴班斯基充分考虑到教学教育活动的复杂联系和动态发展，多侧面地和综合性地研究教学教育过程，从而把教育研究推进到一个新阶段。本书则被认为是关于该理论最全面和最系统的论述。

全书共十章，第一章讲述教学教育过程最优化的原则，第二章讲述最优化的基本准则和方法，第三章是综合规划和具体确定课堂教学任务，四、五两章分别是教学内容和过程的最优化，第六章是改善促进学生发展的工作，第七章讲如何选择最优的教学方法，第八章探讨消除学生学习负担过重的途径，第九章论述怎样节省教师的时间，第十章论述有科学根据地分析课堂教学的重要意义。

巴班斯基认为，学校的教学原则是根据教学过程的多种规律引申出来的，因此在教学中教与学要统一，教学与个性发展要统一，讲授周期中的计划、组织、调节与检查学生活动要统一。

根据教学过程的环节，巴班斯基还制定了一套最优化教学方案。他认为，如果教师在教学活动中不断使用上述教学程序，就能在日常的教学过程中形成运用最优化方法的能力。

教学方法，在巴班斯基看来，就是为了解决教养、教育和发展学生的一定任务，教师和学生相互联系活动的一种方式。要达到教学过程的最优化，必须把各种合理的方法结合起来。而每种教学方法都有它的适用时机和范围，因而需要掌握它的"度"，需要比较分析各种方法的可能性，确定其适用条件和情境，以达到优化教学方法的目的。

《三分是怎样消失的》

沙塔洛夫

维·费·沙塔洛夫，前苏联教育学家。

在前苏联的教育实验活动中，沙塔洛夫的名字是格外引人注目的。他作为一位公民和一位职业教育家的胆略表现在他力图找到一把能够解决当代教育工作中最尖锐、最棘手的问题的钥匙，这类问题有：如何减轻学生过重的负担、如何培养学生的学习兴趣、积极主动的精神和独立工作的能力等等。这位前苏联教师不是从事个别教学方法的实验，而是致力于建立一整套完整的，逻

辑联系相当严谨的、明确的教学法体系，并在这方面作出成绩。他的这套体系在实践中的运用，使作者有可能把教学论方面一些总的原则及其相关问题（如量力性原则和高难度原则之间的相互关系等）提出来进行讨论。

本书介绍了顿涅茨克市学校的教师们为了提高课堂教学效率和学生的知识水平，对教学方式、方法所进行的大量的探索。书中着重介绍的是如何使课堂教学的组织达到最优化的问题，其中包括合理分配课时、师生在课堂上的相互关系、发展学生口头语言表达能力等问题。

沙塔洛夫摸索出了一条控制学生学习活动的有效途径。他的学生们的学习活动有以下几种具体形式。学生掌握新知识是听教师讲解开始的，教师在讲解时，借助于一种直观教具——纲要信号图表。在这一阶段里，学生领会以"块"为单位，按照特殊方式组织起来的材料。接着是研究从教师那里领来的纲要信号图表，并把它绘制出来，此后便是围绕教材的纲要信号积极地进行消化，每隔16～20课由学生完成一次制作纲要信号表的创造性作业。从心理学的角度来说，这意味着：教师定出如何理解教材、消化教材的方法，学生利用纲要信号作为组织自己学习活动的手段，作为一种记忆的方法；培养学生的脑力劳动的一般方法等。

《学校无分数教育三部曲》

阿莫纳什维利

沙·阿·阿莫纳什维利，格鲁吉亚儿童心理学家、教育家合作教育学派的主要代表人物之一。前苏联教育科学院院士，曾任前苏联教师创造协会理事长、格鲁吉亚戈盖巴什维利教育所长。代表作有《孩子们，你们好!》、《孩子们，你们生活得怎样?》、《孩子们，祝你们一路平安!》、《教学·分数·评价》、《6岁入学》、《对学生的学习评价的教养和教育职能》等。

1964年，阿莫纳什维利创办了第比利斯第一实验学校，从取消传统教学中的分数、改变师生关系入手，开始了他的长达数十年的"没有分数的教学体系"（又称做以实质性评价为基础的教学体系）的实验。实验后来扩大到格鲁吉亚城乡的很多学校，实验班总数达550个之多，参加实验的教师有320多人。1980年后，实验从小学阶段扩及到中学阶段。阿莫纳什维利数十年如一日始终像一个普通教师一样每天给学生上课，坚持自己的教育实验，从而使自己的教育思想具有丰富而真实的现实基础。20世纪80年代问世的这部《学校无分数教育三部曲》，就是他在小学阶段进行教育实验的成果结晶。前苏联教育科学院院士、俄罗斯教育科学院首任院长彼得罗夫斯基在为本书所写的序言中说道："这

部著作与其说是教育诗，不如说是教育的交响诗！"

《学校无分数教育三部曲》由《孩子们，你们好！》、《孩子们，你们生活得怎么样？》和《孩子们，祝你们一路平安！》三本书组成。在这三部书中，作者以一个教学班为实例，借助一个教师的自述和对教育问题的思考的形式，生动、形象、具体地展示了小学教学和教育活动的全过程，阐述了他的教育主张，介绍了他对小学生进行教学和教育的原则和方法，涉及学校工作的各个方面，体现了教育家坚持学校里没有分数、科学精神与人文关怀相统一的教育理念。

这三本书分别描述的是小学一年级、二三年级和四年级孩子们的成长过程，作者以孩子们的身心发展规律特点为依据，分三个阶段完整地为我们呈现了师生之间亲密美好的小学生活，从迎接孩子们初次接触学校到彼此分离，作者倾注了无限的热情和创造。虽然三部书着眼于不同的发展阶段，但是它们都通过孩子们的成长故事来表达作者所倡导的人道主义教育活动的三条原则，即理解、爱与引导。

此外，从这三部典的书名可以看出，作者对孩子们满怀亲切的问候、深情的祝福、真切的关爱。阿莫纳什维利认为孩子的成长与发展高于一切，他用充满智慧的教育实践完美地阐释和发展了教育理论。它让人们看到了一种可能：一位好老师能够深入孩子的心灵，在倾听他们的心声、释放他们的创造力与潜力的同时，塑造他们美好的心灵世界，进而在孩子们之间建立起一种亲密、友爱的氛围。

《生活体验研究——人文科学视野中的教育学》

马克斯·范梅南

马克斯·范梅南，加拿大教育家，"现象学教育学"的开创者之一。阿尔伯塔大学教育学教授、课程与教学研究院主任、《现象学教育学》杂志的主编。著有《教学机智——教育智慧的意蕴》、《生活体验研究——人文科学视野中的教育学》、《儿童的秘密——秘密、隐私和自我的重新认识》（与巴斯·莱维林合著）等。

本书向读者展示了如何关注人的生活体验以及如何将之建构成一个文本上引人注目并产生浓厚兴趣的研究课题，被北美和欧洲的许多大学用做从事教育学和其他人文科学研究的研究生教科书或参考书。作者在书中推出了在教育学和与人相关的诸如心理咨询、护理、卫生健康等科学领域作人文科学研究的一种崭新方法，特别是对阐释型的现象学研究方法提供了详尽的方法论上的解释和大量的研究实例。

范梅南认为，所有进入我们意识领域内的东西都必然在我们的生活体验之内。我们简单行为中包含着一种含蓄的、无主题的、非反思的意识，在日常生活中起主宰作用。教育意识就是

加拿大

91

这种"为了孩子好"的意识。它是为人父母或老师的基本条件。他认为生物学意义上的父母不是真正意义上的父母。要想作为真正的父母，就得像父母一样生活。作为父母有一种"使命"感，积极等待孩子的"召唤"。"使命"就是对孩子的成长负起应有的责任。"召唤"就是召唤我们聆听孩子的需求。范梅南认为教育学首先召唤我们行动，之后又召唤我们对我们的行动做出思考。

范梅南认为："教育的本质是我们与处在教育关系中的儿童、年轻人或年老者之间的生活方式。"他把教师"替代父母"的关系作为探求教育学理解和获取教育智慧的源泉，这是从教育的源初意义上来理解教育学和教师。在日益异化的现代社会面前，需要教育工作者培养一种充满关爱的学校环境，教会下一代如何生活，让孩子们学会为了自己、他人以及世界的延续和幸福承担起应有的责任。这是为了孩子们，最终也是为了社会。学校作为专门的教育机构，不能忘却学校要承担起这样的责任。

从专业教育者"替代父母"的职责看，教师除了知道他们教授什么，如何教授以外，家长最关心的是老师是否喜欢他们的孩子。因为家长们觉得积极的情感关系对孩子的学校生活和学习的成功是有利的。要从孩子的角度出发思考教育，要"发展一种指向儿童的价值取向"。

面对教育上的任何教条主义，"教育者需要为了儿童的幸福随时准备站出来并接受批评"，纠正偏离教育学的倾向。范梅南认为，提供很好的教育实例要比批判现实更符合教育学要求；引导学生注重合理性要比引导学生注重不合理性更具有积极意义。

我们的教育影响，不是通过说教、引诱、嘲笑和批评，而是通过亲身展示怎样生活来促使孩子成长。这也是教育学规范性特征所在的。

范梅南提出，在与孩子相处时，我们需要的是机智。机智是瞬间知道该怎么做，一种与他人相处的临场的智慧和才艺，不是简单的行动前的计划。他反对用一种技术化的和实用主义的理性思维来谈论教育能力和教育理论（当然不反对教师必须知道怎样备课，有效利用媒体等）。

范梅南把教育学的结构分为内外两层，即教育智慧和教育机智。教育机智是指向孩子的，是对孩子幸福的关心。它的目的是为了保留孩子的空间，保护那些脆弱的东西，防止孩子受到伤害；它可以让破碎的变成完整的；它可以巩固好的品质，加强孩子的独处能力，支持个性的成长等。教育机智通过实施某种认知的敏感性和实践一种对孩子的主动关心来实现它的目的。

范梅南认为，教育学理论从根本上是一种实践。教育学不能从抽象的理论文章或分析系统中去寻找，而应该在生活世界中去寻找。教育学存在于"极其具体的、其实的生活情境中"。教育研究必须充分展示我们的教育立场以及我们对读者、儿童所应该承担的教育义务。他强调人文科学"解释性研究模式"的重要性，相信通过对人类生活体验的研究可以更好地理解人类。

加拿大

《变革的力量——透视教育改革》

迈克·富兰

迈克·富兰，加拿大教育改革家，多伦多大学安大略教育研究所前所长。曾主持了多项由学校、教师协会、研究单位以及政府共同参与的旨在促进学校和教育改革的研究课题。曾被多国政府聘为教育顾问，足迹遍及美国、英国、南非、墨西哥、新加坡等国的教育界，与当地政府一起讨论人们关心的教育改革中的问题、难题。

《变革的力量——透视教育改革》一书，是一部研究深层次教育改革各要素之关系的力作。它探讨了教育改革在社会各个层面上的非线性的和无序的本质，表明为什么我们需要以一种新的思维方式来与变革的动态的和持续的实际复杂现象作斗争。书中为我们认识和对待似乎难以解决的教育改革问题提供了明晰的和有洞察力的见解，并从成功的工商机构和教育系统的研究中得出了关于教育改革的八项基本启示。

全书包括七章，第一章——存在的问题与变革的潜力，第二章——道德的目标和变革的动力，第三章——变革过程的复杂性，第四章——作为学习机构的学校，第五章——学习机构及其周围环境，第六章——师范教育——社会错过的机会，第七章——个人与学习型社会。

《教育心理学概论》

桑代克

埃德伍德·桑代克（1874~1949），美国心理学家、教育家。生于马萨诸塞州威廉斯堡。先后入读卫斯理大学、哈佛大学、哥伦比亚大学。1898~1899 年在美国西部保留地大学女子学院任教。1900 年直至退休，为哥伦比亚大学师范学院教授，创建并主持教育科学研究所的工作。代表作有《教育心理学》、《智力测验》、《成人的学习》、《人类的学习》等。

桑代克根据自己对学习的实验研究，并总结以往有关教育心理学的探索，开始确立教育心理学的名称及其体系，使教育心理学成为一门独立的学科。桑代克指出，人性只是为教育提供了出发点，教育的真正任务是根据人的需要来逐渐改变人性。因此，他重视研究人的学习的规律。

《教育心理学概论》是桑代克三卷本《教育心理学》的缩写本，主要是作为大学与师范学校的教科书。全书分为三卷 27 章。第一卷（1~9 章）人类的本性，阐述了人类天赋的本能，认为人的天赋本能乃是一切教育的起点。第二卷（10~20 章）学习心理学，论述了动物与人类的学习规律，并且指出尽管人类的学习远较动物的学习复杂，但从动物的实验研究所揭示的种种规律也同

美

国

95

样适用于人类的学习。第三卷（21~27章）个性的分别以及其原因，对个性的差异及造成差异的原因进行了探讨。

本书主要论述了两个方面的问题，一是遗传、环境和教育的关系，二是学习理论。作者在书中借用大量生物学和生理学的概念来建立他的联想主义心理学说。

桑代克认为，动物和人类具有某些先天的或遗传的本性，即所谓不学而会的本能，如好斗、乌合、残忍、好奇、建设和游戏等。但人的发展要高于其他动物。因为遗传和环境共同影响人的发展。他提出教育的作用就是改变人性、造福人类。教育就是对本性中好的趋向加以利导，而对那些不好的趋向加以消除。

桑代克用实验法来研究动物的学习心理，并把从动物的实验研究中所揭示的种种规律应用于人类的学习，认为人的学习可塑性要比动物大得多，行为也更复杂。在实验的基础上，桑代克提出了三条学习定律：一是准备律，是反应者的一种内部心理状态。一切反应是由个人的内部状况和外部情境所共同决定的。二是练习律，实质是强化刺激与反应的感应结。反应在情境中用得越多，它与这个情境发生的联结越牢固。反之，长期不用这个反应，这种联结就趋于减弱。三是效果律，强调个体对反应结果的感受将决定个体学习的效果，即如果个体对某种情境所起的反应形成可变联结之后伴随着一种满足的状况，这种联结就会增强；反之，如果伴随的是一种使人感到厌烦的状况，这种联结就会减弱。

桑代克还提出了学习迁移的"共同要素说"。即心智的学习和训练应与实用知识、技能的学习和训练共同进行。他指出，只有当两种机能有了相同的因素时，这一机能的变化才使另一机能也有变化。第二机能的变化在分量上等于与它的第一种机能所共有的元素的变化。从学习迁移的"共同要素说"出发，桑代克反对形式学科，主张接近生活实际的实用学科。

《民主主义与教育》

杜 威

约翰·杜威（1859～1952），美国哲学家和教育家，实用主义的代表人物。出生于杂货商家庭，1875 年进入佛蒙特大学学习。大学毕业后，在宾夕法尼亚州南方石油城做中学教师。两年后，回到柏林顿，到一个乡村学校做教师，期间开始系统研究哲学。1882年，进入美国约翰斯·霍普金斯大学学习，获得博士学位后，曾先后在密执安大学、明尼苏达大学、芝加哥大学执教。1894～1904年，在芝加哥大学任哲学、心理、教育系主任。1896 年，创办杜威实验学校，用以检验教与学和心理学理论在实践中的效果。1904年，到哥伦比亚大学做哲学教授，直至退休。著有专著 44 种，论文815 篇，其中有关教育学的主要代表作有《我的教育信条》、《学校与社会》、《儿童与课程》、《教育上的道德原理》、《明日之学校》（与他女儿合著）、《民主主义与教育》、《经验与教育》等。

《民主主义与教育》与柏拉图的《理想国》、卢梭的《爱弥儿》并称为西方教育史上的三座里程碑。杜威在书的序言说，他

的教育理论"把民主主义的发展和科学上的实验方法、生物科学上的进化论思想以及工业的改造联系起来,旨在指出这些发展所表明的教材和教育方法方面的变革"。

本书除了序言外,全书分6部分26章,论述了教育的职能、教育的本质、教育的目的、课程与教材、教育的价值、教育的哲学等内容。书中特别强调了教育的实用价值和人本价值,重视教育对人对道德和社会发展的影响,使教育摆脱了孤立的知识传授的范围,把教育看做是社会活动的一个极其重要的方面,这使得教育在现代社会生活中获得了应有的地位。本书中所提出的教育思想是现代教育的重要理论基础。

杜威在本书中得出他最广为人知的三个结论,即"教育即生活"、"学校即社会"、"教育即生长"。他认为,教育是生活所必需的,教育的过程也是生活的过程。在他看来,我们的生活就是经验的传递、更新与交流的过程,而这个过程又是一个教育的过程。他所说的经验已经不是直接通过感官所获得的肤浅的感觉印象了,而是个体与环境相互作用的过程。教育在改造经验的过程中增加了经验的意义,提高了教育的指导性和学生运用知识经验的能力。杜威强调,经验的改造是个人的,也是社会的,教育不但能使儿童与青年得到发展,还能使社会得到发展。

杜威提出"进步教育"的理论体系,并指出进步教育的特征是:重视现实生活的需要;充分发挥儿童的积极性;重视充分发挥儿童的才能并照顾儿童的兴趣,特点是注意培养儿童的创造能力,使他们成为具有创新精神的人;要通过各种"主动作业"训练儿童掌握"就业"所需要的"工艺"。这种进步教育的本质就是一种民主主义的教育，是一种联合生活的形式，但在不同的社会生活里，教育方法、内容、精神不尽相同。

杜威还提出了民主主义的教育哲学。他指出，首先教育是与民主主义相联系的，因为如果人们不能受到教育，那么一个民主的政府是不能取得成功的。其次，因为民主的社会否认了外部的权威，那么人们对这个社会或政府的责任就必须是自愿的和有兴趣的，这些也只有通过教育才能达到。第三，因为教育本身就是人们交流经验的一种方式，所以，这种民主的教育应该是能够让每个人的能力都能得到自由的发展的。在民主教育的实施中，不仅要有适当的学校的设施，家长也要配合好，还要对传统的教育方法和课程等进行改革，以适应民主教育的需要和发展。

杜威一向提倡教育无目的的理论，即教育的目的就是教育过程自身，反对外界强加给教育另外的目的。他认为民主主义的教育目的与他的"教育无目的论"并不矛盾，因为他所说的这种教育目的是教师或家长希望通过教育达到的目的。

杜威在这本书里提出教育史上有名的"教学五步"。即教学过程的五个步骤：（1）教师要为儿童提供一个与实际经验相联系的真实情境；（2）使儿童有兴趣了解其中的问题并进行活动，同时获得与儿童原有的知识经验相联系的资料以应付在所在情境中的问题；（3）从对现有资料的学习和情境的观察中发现解决问题的方法；（4）让儿童自己将所想到的所有的解决问题的方法进行整理，并做到井然有序；（5）要让儿童有机会通过应用来检验他们自己想出的解决问题的方法。

杜威的教育价值观，要求教育要能够在社会生活中得到实际

的应用，要对社会和人类的生活带来好处。他认为，教育的道德性和教育的社会性是相通的，道德教育应在社会性的情境中进行而不能只是停留于口头说教。他要求学校生活、教材、教法皆应渗透社会精神，他视学校生活、教材、教法为"学校道德之三位一体"，这三者都是道德教育的重要途径。同时，他还重点提出，道德教育的重点问题是知识与行为的关系，知识的获得与能力的培养、道德行为的养成有着重要的关系。因为学生从经验中学得的知识对道德的行为有重要影响，所以对于一切能发展参与社会生活能力的教育都对道德教育有着很大的作用。

《教育与新人》

巴格莱

巴格莱（1874~1946），美国教育学家，要素主义教育派别的创始人。出生于密歇根州底特律市。青少年时期接受了正规的中小学教育，以后又先后接受了农业、科学、心理学、教育学等专业的高等教育，1900年获得博士学位。大学毕业后，曾在乡村小学、城市小学、州立师范学校、教师培训中心任教师，也担任过学监、副校长、校长等职务。1908年，被聘为伊利诺大学教育学院教授，还担任了该院院长职务。1917年，又被哥伦比亚大学师范学院聘为教授，直至1940年退休。主要著作有《教育与新人》、《要素主义者促进美国教育的纲领》等。

1934年出版的《教育与新人》是要素主义教育的先声。在该书中，巴格莱站在谋求人类进步和社会发展与变革的高度，分析和研究美国教育存在的问题，批评了进步主义教育、实用主义教育的理论观点，认为教育是社会进化的基本因素，具有防止社会退化的功能。

巴格莱首先从生物学角度对人类的进化过程加以描述，进而对人类形成以后人类社会进化发展过程进行了回顾。他认为，在人类社会进化过程中，教育起到关键的作用。巴格莱在《教育与新人》的序言和第一章中把人类的总体的结构层次，生物的种、属、亚种、变种之间的关系，应用于分析教育结构，这样有助于人们对复杂的教育现象加以梳理，从而认清教育在社会进化过程中的功能和作用。

巴格莱认为当时美国教育存在的问题，与进步主义教育，以及实用主义教育理论错误导向有关。对进步主义教育，以及实用主义教育的批评也构成了《教育与新人》的重要组成部分。作者不赞同将"教学设计"和"活动教学"作为学校教学的主要形式，主要的教学形式还应是教师向学生直接口头语言讲述的形式。"口头讲授教学对学习教科书的内容很有利。"他认为，一些人过分倡导"设计教学"和"活动教学"，使"美国学校教育降低了教师的教学功能"，把教师的活动"低估成了背景陪衬活动"。

他特别强调教师在教育教学过程中的地位，把教师看做是教育成功与否的最关键因素。如果教师素质不高，责任心不强，必然会以儿童的兴趣和爱好为借口，放任自流。如果学生没有"付

出连续的系统的努力，大多数学生绝不可能学会正规学校里传授的任何内容"。学生学习不认真，其后果很难设想。

《课程与教学的基本原理》

泰 勒

拉尔夫·温弗雷德·泰勒（1902~1994），美国教育家和课程理论家。曾在多内学院、内勃拉斯加大学学习，1927年在芝加哥大学获哲学博士学位，论文为《利用个人判断进行师范课程评价活动的统计方法》。1922~1953年，先后在内勃拉斯加大学、北卡罗来纳大学、俄亥俄州立大学和芝加哥大学任教。在芝加哥大学工作期间，曾担任教育系系主任、大学主考官、社会科学院院长，同时还兼任了美国三军学院的考试部主任。1953年，在加利福尼亚斯坦福大学创建了"行为科学高级研究中心"，并任该中心主任直到1976年退休。主要著作有《成绩测验的编制》、《学生进展的评估与记录》、《课程与教学的基本原理》、《影响美国教育的社会因素》、《教育评价：新角色与新手段》、《测验中的关键问题》等。

《课程与教学的基本原理》最初只是泰勒在芝加哥大学的一份讲授纲要，后经整理和完善，在1949年由芝加哥大学出版社出版。作为泰勒最著名的作品，它系统阐述了被称为"传统课程论圣经"的课程理论，是课程开发原理最完美、最简洁的阐述。书中提出的课程原理，在许多国家的课程研究中产生了广泛的影响而被称为"泰勒原理"，被视为"现代课程研究的范式"和"西方现代课程理论的基石"，作者本人也因此被誉为"现代课程理论之父"。

全书围绕课程教育目标、选择学习经验、组织学习经验、评价课程结果这四个问题展开论述。泰勒认为，这四个问题也是编制课程的四个步骤或阶段，其中，确定目标是最为关键的一步，因为下面的三个步骤都是围绕实现目标来进行的。在泰勒看来，教育目标主要来源于对学生的研究、对校外生活的研究、学科专家的建议三方面。他认为，随着社会科学的迅速发展，学校课程要想包含所有的知识已经是不可能的了，因此，就要选择那些对社会非常有意义的知识来学习。泰勒指出，必须把当代生活分成健康、家庭、娱乐、职业、宗教、公民、消费等方面，并在每一方面获得可能对教育目标有实际意义的信息。

泰勒认为，学习经验就是学习者与外部环境之间的相互作用。在对经验的学习过程中，学生是一个主动的参与者，教师需要通过构建多种多样的情境来为不同的学生提供有意义的经验。他提出了选择经验的五条原则：一是为了达到某一目标，要使学生具有实践这个目标所隐含的那种行为的经验；二是学生由于实行教育目标所隐含的行为而获得满足；三是学习目标所期望的反应在学生的能力范围之内；四是有许多特定的经验都可以达到相同的教育目标；五是同一种学习经验也可以达到不同的教育目标。

美

国

在将具体的学习经验组织到学习要素之中的时候，泰勒提出了连续性、顺序性、整合性三准则。通过这三项准则，学习者可以将所学的学习经验整合起来，有助于获得统一的观点与知识结构。他还对当时美国学校的课程组织结构进行归纳和总结，提出组织课程时的五个主要步骤：一是制定课程的参与者要对课程组织的总体框架要取得一致的看法；二是对已经确定的每一个学科领域的所要遵循的原则有取得一致的看法；三是对采用哪一种教学单元采取一致的看法；四是指定一些灵活的教学方案供教师选择使用；五是学生和教师共同设计特定的教学活动。

在泰勒看来，评价第一步就是要对目标进行解释、澄清。第二部是要给出具体的情境，让学生有机会表现目标所要求的行为。只有完成这两个步骤之后，才能制定各种评价的方法，以获取有关学习者是否达到教育目标的证据，所以，评价的方法也要与教育目标相吻合，否则评价的结果就无效。

《动机与人格》

马斯洛

亚伯拉罕·哈罗德·马斯洛（1908～970），美国心理学家、教育家，人本主义心理学的代表人物。出生于犹太人家庭。1934年，获得威斯康星大学哲学博士学位。后担任布朗蒂斯大学心理学系主任。早在大学时代，就产生了研究人本心理学理论的设想。第二次世界大战中，目睹了战争带给人类的悲剧，决心从事人本主义的研究。20世纪50年代，与哈佛大学教授罗金共同召集"人类价值新知识"专题讨论会。1962年，与罗杰斯等人创建美国人本主义心理学会，成为人本主义运动的领导人之一。主要著作有《动机与人格》、《人类价值的新知识》、《科学的心理学》、《趋向存在心理学》等。

　　《动机与人格》一书描述了健康心理的种种特征和人性能达到的巅峰——自我实现，提供了研究人格的新尺度。书中提出了许多精彩的理论，包括人本心理学科学观的理论、需要层次论、自我实现理论、心理治疗理论、高峰体验理论等。但主要是围绕需要层次论和自我实现论来阐述作者的基本观点。

　　动机理论是马斯洛学说的精髓。他认为动机理论的基点是需要，而人类价值体系中有两类是本能的需要：一是沿着生物系谱上升的逐渐变弱的本能需求，称低级需要或生理需要；二是随生物的进化逐渐显示出来的潜能，称高级需要或心理需要。这两类需要分五个层次，即生理需要、安全需要、归属和爱的需要、自我实现需要，它们一个比一个层次更高。不同人的人格，则与他达到的需要层级有关，完善的人格是自我实现的人格。

　　马斯洛以能"充分发挥自己才能"的48位历史和现代人物作为研究自我实现者的对象，通过对这些人物的人格和成就进行非正规的观察、整体论分析，发现了自我实现者的许多特征。

美

国

马斯洛认为自我实现者虽然具备许多优秀品质，但他们并不是完美无缺的。此外，马斯洛还对自我实现者的爱情特征进行了开拓性的研究。马斯洛认为，完备的自我实现者虽属少数，但毕竟存在。这种人超越国界，是道德情操最高的人。一般人达不到如此高级的水平，但只要顺应人性的需要层次发展，大体上能成为健康人。

马斯洛对人类需要进行的分类，是一种较为系统、合理的划分方法。不仅注意到了人与动物需要的共性，更看到了二者的不同，符合人类需要的发展规律。他对自我实现者人格特征的研究，弥补了人格领域研究中偏重非健康个人的不足，为心理健康标准的全面制定提供了重要的参考价值，对建立人本主义心理学奠定了重要的理论基础。

《教育目标分类学》

布卢姆

本杰明·S·布卢姆，美国教育学家、心理学家。出生于宾夕法尼亚州，在宾夕法尼亚大学获文学学士和理学硕士学位。1940年，获得芝加哥大学的博士学位，之后在该校任教。曾担任过美国教育研究协会主席，还参与创建国际教育成就评价协会和国际课程协会。1968年，获得约翰·杜威学会颁发的"杜威奖金"。1972年，美国心理学会授予他"桑代克纪念奖"。他从事教育研究和教学工作 40 余年。主要著作有《教育目标分类学：第一分册，认知领域》、《教育目标分类学：第二分册，情感领域》、《掌握学习》、《人类特性和学校学习》、《发展青少年的才能》等。

在 1948 年于波士顿召开的美国心理学大会上，与会的大学考试专家们提出了创建教育目标分类体系的设想。大家希望建立一种考试的理论框架，为考试专家交流材料和检验观点提供方便，并有助于对考试和教育之间关系的研究，其根本目的是为编排课程和教师的教学工作提供基础。基于这种考虑，布卢姆等人发起主编了这套《教育目标分类学》。该书分为认知领域、情感领域和动作领域三个分册，分别于 1956 年、1964 年、1972 年在纽约出版，布卢姆本人主要参与了前两个分册的编写。此书的出版，奠定了布卢姆及其"掌握学习"教育思想在美国教育学术界的地位。

《教育目标分类学》一书主要涉及以下内容：一是阐述了创建教育目标分类学体系的设想是如何提出的。二是向我们指出了创建教育目标分类学体系的指导原则。这些原则包括实践原则、逻辑原则、心理原则和包容原则。第三部分是全书的核心内容，具体论述了教育目标分类学体系的三个领域：认知领域、情感领域和动作技能领域。布卢姆等人提出了更广泛而深入的认知目标，包括知识、领会、运用、分析、综合、评价六个方面。而在情感领域，布卢姆认为情感连续体的目标包括接受、反应、价值的评价、组织、由价值或价值复合体形成性格化等方面。动作技能领域目标的确定主要由哈罗和辛普森负责，他们将动作分为反射动

美

国

作、基本—基础动作、知觉能力、体能、技巧动作、有意沟通等六个层次，并试图以此建立目标体系。本书使教育工作者能够系统地评价学生的学习，并使教育界意识到了以往过分强调"知识"，而将90%的教学时间用于传授知识的严重片面性。

《今日美国中学》

科南特

科南特（1893～1978），美国科学家、教育家。历任哈佛大学化学系教授、系主任、校长。第二次世界大战期间，曾是组织美国科学的中心人物，包括开发原子弹。战后任国家科学基金会和原子能委员会高级顾问。1953年任美国驻联邦德国高级特派员，1955年任大使，被誉为新德国民主精神的保卫者。1957年回国，在卡内基基金会的支持下，对美国综合中学和初级中学教育进行了深入研究，对美国的教育政策、学校制度和课程设置，提出了一系列改革建议。强调中学生应该学习各科的核心内容，学校应培养足够数量的科学家和工程师，为工业和国防提供力量。他极力主张天才儿童教育。20世纪60年代美国中小学进行的课程改革，主要以科南特的建议为基础。主要著作有《今日美国中学》、《贫民区与市郊：评大都市的学校》、《美国师范教育》、《教育政策形成》等。

《今日美国中学》即有名的"科南特报告"，是科南特几年来深入调查研究的成果总结。本书围绕着美国中等教育制度和中学课程改革等问题，提出如下观点：（一）在中学的教育目的和制度上，办较大的综合中学；（二）在中学的课程设置上，注重普通教育课程；（三）在中等教育的规模和数量上，应根据本地区实际情况，具体问题具体分析。他在本书中提出的要处理好中学为升学和就业准备两种职能的关系，公共必修的核心课与适应个性的多种灵活计划之间的关系，带有很大的普遍性。

科南特的有关中等教育改革的理论和实践，在美国乃至世界产生了很大的影响，使他一直被列入著名的教育改革家的行列。在科南特的影响下，美国中学课程内容和教学手段沿着现代化的方向进行改革。

《教育过程》

布鲁纳

杰洛姆·布鲁纳，美国认知心理学家和教育家，认知心理学的先驱，结构主义教育流派的代表人物之一，被誉为杜威之后对美国教育影响最大的人。出生于中产阶级家庭。先后就读于杜克大学、哈佛大学，获得心理学博士学位。1942 年任普林斯顿公共舆论研究所副所长。1943 年到第二次世界大战结束，在海外服役，归属于联合国派遣军总司令部的心理战部。1945 年后，在哈佛大学从事教学和研究工作。1960 年与心理学家 G. 米勒一起创

办了"哈佛大学认知研究中心"。1962年起先后承担全美心理学联合会主席、美国社会问题心理研究会主席、美国科学促进会理事、美国教育研究院研究员，1962～1964年任白宫教育委员会委员。1972年后任英国牛津大学心理学教授。主要著作有《意见与人格》、《教育过程》、《人民的委任》、《舆论与人格》、《思维的研究》、《论认识》、《关于学习的学习》、《教育理论》、《教学论探讨》、《论教学的若干原则》等。

1959年，美国科学院在伍兹霍尔召开了有关教改的讨论会，会议着重讨论了如何改进中小学学科，特别是数学和科学教学，以提高教学质量问题。作为大会主席，布鲁纳在大会结束时作了总结性发言。会后他以发言稿为基础，以结构论思想为主导，综合专家们在会上发表的意见，最后写成此书。全书主要是"按照结构主义表达知识观"，和"按照直觉主义表达研究认识过程的"。书中所提及的有关教育内容、教育方法的理论都是经过实验假设所验证的结论。它被认为是美国"最重要和最有影响的教育著作之一"，并被誉为"教育理论的一个里程碑"。

布鲁纳认为，知识总是有结构的，知识是人们对于客观事物构造的一种主观模式。既然知识是由人来构造的，那么就应为学校的课程设计最好的知识体系。他所指的"学科的基本结构"也就是该学科的基本概念、基本原理以及它们之间的关联。他强调指出："不论我们选教什么学科，务必使学生理解该学科的基本结构。"他主张，学科的教学应该尽可能早开始，要采用智育上正确的形式，并同儿童的思想方式相符。另外，要让这些课题在以后各年级中扩展、再扩展。这也就是说，课程设计及教材编排不仅要依据儿童认知发展的程序和特点，而且还要遵循每门学科基本概念或原理的连续性，使教材成为一套螺旋式的课程系统。

布鲁纳指出，直觉思维和分析思维是相互补充的，它也是解决问题的重要技术和技巧，应给予直觉思维以适当的地位。学校教育应多鼓励培养直觉思维的学习方法。他主张，应激发学生的内在动机，围绕兴趣组织儿童学习。最好的学习刺激是对所学材料的兴趣，而不是诸如等级或往后的竞争便利等外来目标。增加教材本身的趣味，会使学生有新发现的感觉。

他十分重视教师在教学过程中的作用，他认为，教师也是教育过程中最直接的有象征意义的人物，是学生可以视为榜样，并拿来同自己作比较的人物。因此，必须要提高教师的质量。

《教育的经济价值》

舒尔茨

西奥多·W·舒尔茨（1902～1998），美国经济学家，教育家，人力资本理论的奠基人和主要代表。出生于小农场主家庭。曾先后在南达科他州立学院和威斯康星大学学习。获得博士学位后，应聘到依阿华州立学院任教。1943年起，成为芝加哥大学经济系教授。自20世纪50年代中期以来，主要致力于人力资本理论的研究和著述。发表有《用教育来形成资本》、《教育和经济增

长》、《人力投资——一个经济学家的观点》、《回顾人力投资的概念》等论文。并在 1964 年写成了《教育的经济价值》一书，这些著述构成了他的人力资本理论体系。1979 年，由于在经济学研究方面的卓越成就，荣获诺贝尔经济学奖。此外，他还是美国国家科学院院士，并担任过美国经济学会会长。

舒尔茨对教育经济价值的系统分析具有开拓性的意义，为经济学和教育学提供了新知识的重要来源。当代经济、社会发展的经验表明，承认教育的经济价值，肯定教育投资是人力投资，使学校教育的价值得到全面提升，教育就能成为促进国家和个人发展强有力的手段。

本书主要包括作者序言以及教育的经济成分、教育费用、教育的经济价值、有待商榷的问题等四章内容。作者指出，教育经济学乃是一个新兴的科学领域。教育是具有特定目的一个集合活动。尽管教育机构不具有传统工业的某些经济性质，但从学校教育能增加学生将来收入这一点来看，它具有投资性质。他认为，拿教育费用的全面概念来研究学校教育费用，好处甚多，研究人员长期感到困惑不解的一系列教育问题会迎刃而解。

第三章"教育的经济价值"是本书的核心。作者首先从教育机构的职能阐述了教育的经济价值：（1）科学研究的职能，带来知识进步和经济增长。（2）发现并培养有才能的人。（3）学校教育增进人们的能力以适应随经济发展而来的就业机会的变化，成为促成各种职业适应和空间适应的机动性的源泉。（4）即便是所有学校教育的目的都是为了最终的消费，教师也还是必需的。为了满足这种需求，也应进行人力资源投资。（5）一个国家教育制度的职能之一应该满足在未来经济发展中"起着关键作用"的具有高等知识技能人才的需要。

舒尔茨还引用了丹尼森、贝克尔等人的实证研究成果，阐述了教育对经济增长的作用、教育的费用与收益、教育的收益率等，认为与那种以建筑物、设备、财产等为代表的物力资本相比，近30年来学校教育已经变成更大的的经济增长的源泉。在本书最后，作者还提出了14个有待商榷的问题。这些问题的提出并不影响舒尔茨阐述教育具有经济价值的贡献，并且对人们用经济学观点去进一步研究教育问题更有所启迪。

《课堂中的皮格马利翁——教师期望与学生智力的发展》

罗森塔尔、雅各布森

罗森塔尔，美国社会心理学家。主要研究兴趣是人际期望，即一个人对另一个行为的期望本身将导致该期望成为现实。同时他还对非言语交流很感兴趣。先后执教于加利福尼亚大学和哈佛大学。雅各布森是罗森塔尔的学生。

这是一本研究教师期望的学术专著。作者把"人际自我实现预言"这个社会学术语，从医学、工业等情景中移植于教育情

景，并以自己获得的实验结果用定量的方式论证这个术语移植的合理性，同时还证明了这种效应在教育领域中具有普遍适应性。该书发表后，人们对这一开创性的课题产生了广泛的兴趣，并且作了深入的研究，使得它成为一个相对独立的研究领域。于是，"教师期望"、"皮格马利翁效应"以及"自我实现预言"成为教育科学和心理科学中的术语和范畴。

皮格马利翁是古希腊神话中的一个人物。他因倾慕自己创作的美女雕像，感动了爱神，结果美女复活，二人结为夫妻。皮格马利翁效应则是一个广泛应用于医学、工业等领域的科学术语。本书作者将这一原理运用到教育实践中，将教师比喻为课堂中的皮格马利翁，形象地说明了学生的智力发展具有巨大的潜力，教师对学生的期望越高，学生智力发展的可能性就越大。实际上，无论从经验的角度，还是从实验的角度，迄今都无法令人信服地接受"单纯的期望就可以改变智力"这一结论。相关研究更多地倾向于揭示这样一个事实：原本的皮格马利翁效应是不存在的，而真实的皮格马利翁效应是"教师期望可以改变学生的态度、学习行为及成绩"。

《超越自由与尊严》

斯金纳

伯尔霍斯·弗雷德里克·斯金纳，美国心理学家，新行为主义的代表人物。出生于美国宾夕法尼亚州的一个小城镇，并在那里度过童年和中学时代。大学时选择了主修英国文学，毕业后从事写作两年。后入哈佛大学，改修心理学。毕业后执教于明尼苏达大学和印第安纳大学。1947 年，成为哈佛大学心理学系的终身教授。主要著作有《描述行为的反射概念》、《机体的行为，一个实验的分析》、《科学和人类行为》、《言语行为》、《教的技术》、《关于行为主义》、《超越自由和尊严》。

《超越自由与尊严》一书是斯金纳重要的著作之一，该书一经问世便成为风靡北美的畅销书，随即流行世界。在书中，他根据行为主义的原理，对传统人文研究方法的深层心理研究运动进行了猛烈的抨击，并指出人根本不可能有绝对的自由与尊严，人只可能是环境的产物，因此，人类面临的首要任务是设计一个最合适自己生存的文化与社会。

全书共分为九章，各章分别命名以"行为技术"、"自由"、"尊严"、"惩罚"、"惩罚的替代"、"价值"、"文化的演进"、"文化的设计"以及"人是什么"。斯金纳首先全面清算了传统人文研究的种种弊病。在他看来，人文研究与科学研究相比，几千年来的成就与进步可以说微乎其微，科学已发展到了能将人送上月球的电子时代，而人文研究却还在柏拉图和亚里士多德划定的圈子里徘徊。他认为，传统人文研究其主要错误就是关于人的自由的主张。人的绝对自由是不存在的，任何人都无时无刻不处于环境的各种控制之中，其行为既要受到各种刺激的制约，也要受到各种行为后果的影响。

他同时认为，人并不具有绝对的尊严。人之所以自认为有至

美

国

115

高无上的尊严，乃是因为人自以为人类文明的一切成就皆出自人的自由意志，是人自身的创造结果。但由于人事实上并非自由，人的所作所为都不过是环境中的各种客观相互联系的作用所致，因此人的绝对尊严是不存在的。随后，斯金纳详细讨论了惩罚之于自由与尊严的关系，认为"一个人受到惩罚的威胁时，他也根本享受不到自由或尊严"。进而对传统的人文研究关于价值的理解进行了剖析和批判。并基于对价值问题的独特理解，进一步提出了本书的核心问题：文化的演进及其设计。在最后一章，斯金纳对人与环境的关系作了说明，认为"人受着环境的控制，但环境本身却几乎完全是由他自己创造的"。

《多元智能》

加德纳

霍华德·加德纳，美国心理学家、学习理论家。出生于宾夕法尼亚州。高中毕业后，进入哈佛大学，在埃里克森的指导下学习发展心理学。除了心理学课程，他对其他课程也感兴趣，选修了戏剧、历史和经济学；1965 年获得社会关系学士学位，之后去英国学习认知心理学；一年后回到哈佛，1971 年在哈佛大学获博士学位。1983 年提出"多元智能"理论，被国际教育和心理学界誉为"哥白尼式的革命"。1986 年成为哈佛大学教育研究院教育学教授，1991 年成为心理学教授。他还是波士顿大学医学院神经学教授、哈佛大学研究儿童和成人学习过程的"零点计划"项目的负责人。主要著作有《艺术与人的发展》、《受损的智能》、《心智的结构》、《智能的新科学：认知革命的历史》、《超越教化的心灵:儿童思维与学校教育》、《受教化的心智》和《多元智能》等。

1967 年，由美国哲学家纳尔逊·古德曼发起的"零点计划"（Project Zero）在哈佛大学教育研究院立项，其研究目的是要弥补科学教育研究和艺术教育研究之间的不平衡。该项目成为美国和世界教育界持续时间最长、规模最大的研究项目，最多时有上百名科学家参与研究，投入研究基金数以亿美元计。项目在心理学、教育学、艺术教育等方面取得了多项研究成果，仅加德纳教授一人就已出版了 17 本专著。

加德纳在 1972～2000 年间任"零点计划"主任，领导发展心理课题组，主要研究正常儿童和天才儿童在符号运用方面的发展特征。经过多年对心理学、生理学、教育学、艺术教育的研究，他证明了人类思维和认识世界的方式是多元化的，并通过大量心理学的实验数据和实例的观察分析，认为人类至少存在七种以上的思维方式（1997 年在其中加入了第八种智能：自然观察智能），形成了著名的多元智能理论。"零点项目"的重要成果之一，就是他1983 年提出的多元智能理论，而他 1993 年出版的《多元智能》一书就是其理论和实践的最新总结。

本书详细介绍了多元智能理论产生的背景、特点及其在教育改革中的应用，既有心理学、教育学理论的根据，又有学校具体

美

国

应用和操作的方法和实例。

加德纳提出，智能是在特定的文化背景下或社会中解决问题或制造产品的能力。他对语言智能、数理逻辑智能、空间智能、音乐智能、人际关系智能、自我认识智能这七种智能进行了介绍，并认为这七种智能同等重要，对传统建立在语言和数学逻辑智能基础上的智商测试进行了批判，揭示其存在的局限性，如，这种测试，只能看出学生在学校的学习如何，但不能决定一旦离开学校，是否能有良好的表现。

他介绍了体现多元智能理论精神的"未来的学校"，以及四个学习阶段（幼儿、小学、初中、高级中学）多元智能的四种示范性项目，即幼儿早期"多彩光谱"项目模式、小学阶段"重点学校"项目模式、初中阶段"学校实用智能"项目模式、高级中学"艺术推进"项目模式。

他还提出，评估学习新方法的一般特征是：重视评估胜于考试；简单、自然，而且定期的评估；评估效度。如果对个体的评估是在更接近他们的"实际工作情况"条件下进行时，就拥有可能对他们的最终表现作出较好的预测；"智能公正"的评估手段。即不通过语言和逻辑能力而直接观察运作中的智能；多种测试方法的使用；对个体差异、发展阶段和知识形式的敏感度；评估的主要目的是帮助学生，评估人员有责任为学生提供有益的反馈。

多元智能理论是以多维度的、全面的、发展的眼光来评价学生。加德纳认为，每一个孩子都是一个潜在的天才儿童。随着智能课程的实施，教师们发现，每一个孩子都有自己的"学习风格"，所以教师应注意尊重学生的学习风格，认识学生的长处，发挥学生的智能所长。在具体的评价操作方法上，加德纳推荐了"学习档案"的评价方法。多元智能理论问世以来，虽然在心理学界一直颇受争议，却在教育领域内引起强烈的反响，并且得到了广泛的运用，逐渐称为美国和许多西方国家教育改革运动的重要指导思想之一。

《超越 IQ——人类智力三元理论》

斯腾伯格

斯腾伯格，美国心理学家，1972 年获耶鲁大学心理学学士学位，1975 年获斯坦福大学博士学位。后任耶鲁大学心理系教授，并担任美国心理学会普通心理分会和教育心理学分会主席，兼任《心理学学报》、《美国心理学杂志》、《教育心理学杂志》、《人类智力国际通讯》等刊物的编辑。主要著述有《智力、信息加工和类比推理》、《超越 IQ——人类智力三元理论》、《人类智力百科全书》、《成功智力》、《认知心理学》、《思维风格》等。

斯腾伯格致力于人类的创造性、思维方式和学习方式等领域的研究，提出了大量富有创造性的理论与概念。其中，最大的贡献是提出了人类智力的三元理论。该理论试图从主体的内部世界、现实的外部世界以及联系内外世界的主体经验世界这三个维度来

美

国

119

分析、描述智力，超越了传统的 IQ 概念，从一个全新的视角来阐释智力，将智力理论的发展提升到了一个新的高度，形成了以成分亚理论、经验亚理论和情境亚理论为维度的人类智力的三元理论。

首先，斯腾伯格认为，智力的内部构成涉及思维的三种成分，即元成分、操作成分和知识获得成分。元成分指控制行为表现和知识获得的过程，它负责行为的计划、策略与监控，比如确定问题的性质、选择解题步骤、分配心理资源、调整解题思路等等；操作成分是指接受刺激，将信息保持在短时记忆中比较刺激，从长时记忆提取信息，以及做出判断反应的过程，负责执行元成分的决策；知识获得成分是指用于获取和保存新信息的过程，负责新信息的编码与存储。在认知性智力活动中，元成分起着最重要的核心作用，它决定人们解决问题时使用的策略。

智力的第二个方面为经验亚理论。它涉及内部成分与外部世界的关系，是指根据经验调整所运用的成分从而获益的能力。既包括有效地应付从未见过的新异事物，也包括自动地应付熟悉的事情。在任务非常熟悉的时候，良好表现依赖于操作成分的自动执行，如阅读、驾车、打字时的自动编码等等；在任务不熟悉时，良好的成绩依赖于元成分对推理和问题解决的辅助方式。

智力的最后一个方面是情境亚理论。这方面理论阐明的是人所处的社会文化环境决定智力行为内涵。不同的社会文化环境对智力行为有不同的标准。智力就是人对与自身有关的现实世界的环境有目的的适应、选择和改造的心理活动。通过这些心理活动，个体达到与环境的最佳适宜状态，这种状态的适宜程度反映了人的智力水平。斯腾伯格提出智力的情境亚理论，遵循的是一条非常简单的原理：智力的实践性，即智力测验应该去测量与现实世界紧密联系的现实性的行为。

三元智力理论作为斯腾伯格对"智力"探索的阶段性成果，不仅扩充与修正了传统智力成分理论，而且是对原有智力成分理论及相关智力概念的一次超越，构成了教育中建构主义的理论基础。

《第五项修炼》

彼得·圣吉

彼得·圣吉，1947年出生于芝加哥，1970年于斯坦福大学完成航空及太空工程学士学位后，进入麻省理工史隆管理学院读研究所，旋即被佛睿思特教授的系统动力学整体动态搭配的管理新观念所吸引；1978年获得博士学位后，和麻省理工学院的一群工作伙伴及企业界人士孜孜不倦地致力于将系统动力学与组织学习、创造原理、认知科学、群体深度对话与模拟演练游戏融合，发展出一种人类梦寐以求的组织蓝图——在其中，人们得以由工作中得出生命的意义、实现共同愿望的"学习型组织"。《第五项修炼》这部巨著便是他们研究成果的结晶。

美
国

《第五项修炼》共分为学习型组织理论与方法、自我超越、改善心智模式、建立共同愿景、团体学习等七部分。它的核心是强调以系统思考代替机械思考和静止思考，并通过了解动态复杂性等问题，找出解决问题的高"杠杆解"。本书涉及个人和组织心智模式的转变，它深入到哲学的方法论层次，强调以企业全员学习与创新精神为目标，在共同愿景下进行长期而终身的团队学习。

本书作者于 1992 年荣获世界企业学会最高荣誉的开拓者奖，以表彰其开拓管理新典范的卓越贡献。美国商业周刊也于同年推崇他为当代最杰出的新管理大师之一。美国《财富》杂志认为彼得·圣吉所致力探讨的管理科学新技术，是未来最具竞争力的管理技术，因为"学习型组织"概念的提出和一整套修炼单位的确立，使得整个管理范式已经发生了转移。由于其创新价值，并由于其已在无数美国企业中得到了成功的应用，如今愈来愈引起理论界及企业的浓厚兴趣，该书也被喻为"21世纪的管理圣经"。

《学会关心——教育的另一种模式》

内尔·诺丁斯

内尔·诺丁斯，美国教育家。斯坦福大学荣誉退休教授，美国教育哲学协会和约翰·杜威研究协会前任主席，从 2001 年开始担任美国国家教育学会主席。她在女权伦理、道德教育以及数学分析等领域的研究和著述广为人知，影响巨大，曾获哈佛大学杰出妇女教育贡献奖和美国教育研究协会终身成就奖。主要著作有《关心：伦理和道德教育的女性观点》、《女性与罪恶》、《学会关心——教育的另一种模式》、《培养智慧的信仰和反叛》、《教育哲学》、《始于家庭：关怀与社会政策》、《培养道德的人：以关心伦理替代人格教育》、《幸福与教育》等。

20 世纪 90 年代初，学校改革运动在美国方兴未艾，改革的重点集中于建立统一的课程标准和推行标准化考试上面。改革者们担心越来越多的学生对数学和科学课程不感兴趣，学校因此必须完善教育目标，明确每一个学生都必须学好的内容。人们对学生考试成绩的重视到了无以复加的程度，学校视学术为唯一目的。内尔·诺丁斯不同意这样的主张，1992 年出版著作《学会关心——教育的另一种模式》。

本书的一个基本结论是，传统学科设置和课程教学模式对今天的年轻人而言不仅是过时的而且是危险的。人们需要一个以真实人类问题为中心的课程，这个新课程并不完全放弃传统课程，相反它会将传统课程中有用的内容吸收进来，对传统学科课程有特殊需要的学生仍然能够获得它的精华。因此，需要对现行科学、数学、语言、历史、地理等课程进行彻底改组，以人类问题为中心、围绕关心而组织课程。

内尔·诺丁斯的意见意味着一种彻底的教育改革——在学校结构、制度和文化上面的彻底改革。她指出，以前学校改革过多

着眼于课程与教学方法论等方面，是一种微观的改革。但是真正的变化来自教育理念和教育目的的革新，更需要哲学上的变革而不是方法上的创新。她主张对传统学校教育进行彻底改革。学校必须充分重视学生发展的多样性，建立一个充满关心而不是竞争的环境，对学生的各种兴趣和才能予以开发和培养。围绕这一主旨，书中详尽阐述了学校的主要目的是教育学生学会关心——关心自己，关心身边最亲近的人，关心与自己没有关系的人。他们也必须学会关心自然环境，关心动植物，关心人类创造的物质世界，关心知识和学问。

作为本书核心的道德教育，不仅是指集中于培养有德之人的一种特殊教育形式，道德教育也指任何一种在目的、政策和方法上合乎道德的教育。这个定义特别重要，作者基本上是沿用杜威当年的用法，在两个意义上使用这个词：第一，教育人们使之成为有道德的人；第二，提供一个经得起道德检验的教育。第二种用法更加重要。如果能够给学生们一个在道德上站得住脚的教育，那么他们可能自然成长为有道德的人。所以道德教育并不一定需要在道德观念上的特殊教育和训练。不过，设置一门课程以集中探讨伦理学、道德历史或者基本道德哲学还是有价值的。即使在初中阶段，这样一门课也是有用的。但是这门课的重点应该是对历史的介绍和对道德问题的讨论，而不是直接培养有道德的人。

《理解课程》

派 纳

　　威廉·F·派纳，美国教育家、课程理论家，国际课程研究促进协会（IAACS）主席，"存在现象学"课程论的代表人物。1969 年毕业于俄亥俄州立大学教育学院，之后在纽约长岛附近一所学校任教。与此同时，他还在哥伦比亚大学师范学院进修课程理论，系统学习并深入研究概念重建主义学派之前的课程观点。1972 年，获得俄亥俄州立大学博士学位。之后多年一直在罗彻斯特大学执教。1981 年，开始从事课程领域范式转换的课题研究。在 1985～1991 年间，担任路易斯安那州立大学课程与教学系系主任。派纳一直致力于从自传、种族、性别的角度理解课程，尤其侧重这些领域的跨学科探讨。主要著作有《理解课程》、《课程：走向新的认同》、《把课程理解为种族文本》、《当代课程话语》、《课程理论化：概念重建主义者》等。

　　《理解课程》是派纳 20 多年来的课程思想研究成果系统总结，它的出版发行，标志着理解课程走向成熟，成为继拉尔夫·泰勒《课程与教学的基本原理》之后美国最重要、最详尽的课程论教科书，被誉为美国课程理论的"圣经"。本书挑战了"泰勒原理"的传统，对课程研究领域进行了概念重建，为多元课程话

美

国

语的繁茂开辟了空间，成功完成"课程开发"转向"课程理解"的"范式转换"，由此也确立起课程理解的新范式，代表了当代国际课程研究的最高成就。

它论述了美国课程理论近 170 年（1828～1994）的发展，尤其重点论述了美国课程领域经过"概念重建"之后的发展，对"政治课程理论"、"种族课程理论"、"性别课程理论"、"现象学课程理论"、"后现代课程理论"、"自传性课程理论"、"美学课程理论"、"神学课程理论"、"制度课程理论"、"国际课程理论"作了全面而透彻的剖析。对于课程开发实践的诸多问题，如"课程政策"、"课程规划、设计与组织"、"课程实施"、"课程评价"、"课程与教师"、"课程与学生"等等，本书亦作了别开生面的、前沿性的研究。

本书体现的是一种开放的、多元主义的视角，它不在于达成一种开发课程的"原理"，而是在于彰显课程文本中多元的意义与价值。作者致力于完成一场"范式革命"，即从"课程开发范式"转向"课程理解范式"。为了完成这一使命，显然需要从哲学认识论的高度超越"课程开发范式"所体现的工具理性的性格，从追求"控制"与"效率"走向对课程文本的理解与解释。可以看出，这种转向折射出现象—诠释学的视角，意味着课程研究向课程意义本身的回归，以及对人的认识主体地位的尊重。

《学习理论：教育的视角》

戴尔·申克

戴尔·H·申克，美国心理学家。

《学习理论：教育的视角》已经出了三个版本，编写目的基本相同，主要是使学生了解学习的概念、原理和研究成果（特别是与教育有关的成果），并介绍这些概念、原理在真实的教学情境中实际应用的例子。认知理论是本书的重点，这一点符合当代人类行为理论的观点。当代行为理论把学习者看成是积极寻找信息和建构知识的人，而不是环境输入的被动接收者。

这本教科书由十章组成。第一章论述学习理论、研究状况、一些有争议的问题、学习研究的历史背景及学与教的关系，还介绍三个反映小学、中学和大学课堂教学情况的实例。这三个实例贯穿于整本教科书，为学习原理、动机、自我调节及教学应用等内容的讲解提供一个背景。第二章介绍行为主义的学习理论，其中包括最著名的斯金纳的操作条件反射理论。之后的几章主要介绍当代认知学习理论。第三章先介绍班杜拉的社会认知理论，然后是信息加工理论（第四章）、认知学习过程（第五章）、发展与学习（第六章）及内容 – 领域学习（第七章）。最后三章论述三个与学习有关的主题，即动机（第八章）、自我调节（第九章）

美

国

127

和教学（第十章）。

这本教科书提供了大量把学习的概念和原理应用于真实学习情境的例子。教科书的每一章都列举了一些日常学习的例子并有详细的应用。许多原理的应用都以第一章提供的三个实例为背景。大多数对象都是学龄阶段的学生，不过也有一些年龄较小或年龄较大的、不在学校里学习的学生。

《儿童发展》

劳拉·贝克

劳拉·E·贝克，美国心理学家、教育学家，伊利诺斯州立大学心理学教授，美国《幼儿周刊》杂志的学术编辑，并为《幼儿研究季刊》充当顾问编辑。曾在加利福尼亚大学的伯克利分校获得心理学学士学位，在芝加哥大学拿到儿童发展方向硕士学位和教育学博士学位。做过康奈尔大学、加利福尼亚大学洛杉矶分校、斯坦福大学、南澳大利亚大学的访问学者。主要著作有《私人语言：从社会互动到自我规范》、《建构儿童的学习：维果茨基和早期的儿童教育》、《儿童发展的概貌：研究文选》、《婴儿、儿童与青少年》、《毕生发展心理学》、《儿童发展》等。

《儿童发展》一书中，在近60年大学教学经验和研究实践的基础上，作者为我们展现了个体从受精卵到成人所走过的生理和心理历程。这本书高度融合了各学科之间的研究，并随着研究的发展进行了更新，对于生物学研究和环境研究领域中的相互争鸣进行了客观的评述，注重理论和研究的实际运用。

作者的创作动机就是"奉献一本在知识性上催人上进的课本"，而且它"不仅要有足够的理论深度，也要尽量全面地涵盖本学科的范畴"。全书分五大部分，作者首先介绍了发展心理学领域的基本理论观点以及 20 世纪的发展心理学研究策略，并从遗传与环境、生理与心理的关系上论述了儿童发展的基础，而后分别从认知、语言、个性和社会性等方面具体描绘儿童发展的轨迹。在最后一部分，作者以最新视角对儿童发展的背景，包括家庭、同龄人、媒介以及学校环境进行了深刻而周到的讨论。

书中还突显了发展心理学领域的最新进展，其中包括关于心理发展的个别差异的最新研究，与发展心理学有关的一些跨学科研究。从教材格式的编排和栏目的增删，从发展心理学研究的主题到具体内容，作者都进行了更精致独到的设计。例如，在某些章节增加了"从研究到实践"栏目，增加了对如何为人父母的讨论，迎合了将研究发现应用于现实生活，结合理论与实践的社会需要；更为关注新涌现的各种社会问题及其对儿童心理发展的影响，其中包括未婚单亲家庭中儿童发展的问题、电子游戏和因特网对青少年健康成长的影响。

从书中，可以很容易地发现在人生的每个时期我们每个人都要留下的足迹，清晰地看到我们每个人是如何从牙牙学语到出口成章的，是如何从一无所知、一无所能到无所不知、无所不能的，是如何从完全依赖和依恋父母、自我中心到独立自主、自知知人、

美

国

自利利人的，也会清晰地了解，在个体迈出的每一个脚步中，父母、老师、同伴以及更广泛的社会传媒发挥了怎样的作用。在此过程中，它促使我们反思自己走过的路，警醒我们注意那些经常为我们所忽略的经验、教训，进而明白在未来生活中我们自己或我们的孩子应该做出怎样的人生选择。

《有效教学方法》

鲍里奇

加里·鲍里奇，美国教育家。生长于芝加哥南部，曾在伊利诺州奈尔斯市的一所中学执教。从印第安纳大学获得博士学位后，在尼古拉斯·J. 阿纳斯塔修斯主管的儿童研究中心任评价主任。为得克萨斯大学教育学院终身教授，曾担任教育学博士生导师30多年，主持"有效教学研究"课题也已有30多年，覆盖中小学教育和大学教育。他曾任专门对教师教育认证的国家测验局委员会委员，出版过20多本教育学专著。主要著作有《旷世超群：让你的课堂每天都有价值》、《成为一名教师——同初登讲台的教师探讨》、《有效教学的观察技能》、《课堂中的真实评价》、《教育测试和评价》、《教育心理学：一种现代的方法》等。

这本书基于一项25年的课堂教学研究，考虑到了现今学校的很多因素，本书将帮助教师做好准备，以迎接这些挑战并发现它们所提供的职业成长和进步的机遇。本书展现了一些较有效的教学实例，并提供了基于研究基础上的实际和可操的有效教学练习。全书涉及有效教师、理解你的学生、教学目的与教学目标、单元和课时计划、直接教学策略、间接教学策略、提问策略、自主学习、合作学习与合作过程、课堂管理、课堂秩序和纪律、评估学习者、评估学生等内容。

　　鲍里奇在书中提到进行有效教学至关重要的五种教学行为：清晰授课；多样化教学；明确任务导向；引导学生投入学习过程；确保学生成功率。他认为，好的老师是一个 flow teacher，表现在 3 个方面：rule（规则）、routing（教学有一定步骤）和 no profile（低调，即面对一些课堂上调皮的学生，不与之发生直接冲突，把注意力集中在课堂本身）。好老师要在两个方面做好，一方面要在 control 和 warm 之间取得平衡，另一方面要能够 social－organization，即把学生组织好。课堂要把握三个要点：管理；教学方法要注意，即直接介绍的内容和需要发挥的部分；关注（内容）单元，而不是零乱的知识。

《透视课堂》

托马斯·L·古德、杰瑞·E·布鲁夫

托马斯·L·古德，美国亚利桑那大学教授。

杰瑞·E·布鲁夫，美国密歇根州立大学教授。

《透视课堂》介绍了观察、描述、反思和理解课堂行为的方法，并提供了实用的课堂教学管理策略，即提高学生兴趣和帮助学生成长的策略。作者提出并论证了课堂教学的四个主要目的：第一，帮助教师和想做教师的人形成描述课堂情形的方式方法；第二，使教师意识到他们自己以前的教学经验和生活经验、他们生活中的历史因素和现实因素，都会影响其课堂决策；第三，建议教师使用对学生兴趣、学习和社会发展有积极影响的方法；第四，帮助教师理解当前的教育研究，正确运用相关的理论和概念，把研究成果同他们自己的课堂教学方法结合起来。

本书帮助教师运用各种各样的方法，能清楚意识到课堂里发生了什么，并且能够在监控自己思维和决策时，轻而易举地达到教师自己的教学目标和个人目的。同时，本书也敦促教师更好地认识到学生在学习中的作用，强调维护最佳的传统课堂，并且讨论了令人激动而卓有成效的课堂教育的新动向。此外，本书对教师的期望与学生的表现之间存在着差距问题的解决、避免课堂问题的方式方法、有效处理学生不良行为的策略、教师根据动机给学生布置更有吸引力的作业、学生积极参与课堂争论以及一起学习的方式方法、教师有效处理异质课堂的方式、传统教学方法权威性分析、教学中真实学习活动的理解设计以及考虑社会情景知识、优秀教师继续学习与成长等方面作了翔实的符合一线教师情况的分析与介绍。

本书中研究的课堂教学，包括信息加工、决策、学生对一般知识及其课堂教学理论的运用，因此，作者着重对教师所运用的各种各样的方法进行了探讨，如用于增强和提高思考能力的方法，用于课堂决策的方法等，与此同时，作者还对教师的课堂期望、课堂的组织与管理、课堂动机、课堂指导等问题进行专门分析与研究。它既是教师研究与反思课堂教学的方法大全，又是教学论研究者深入课堂里必须掌握的武器。

《优秀教师是这样炼成的》

琳达·达林－哈蒙德、琼·巴拉茨－斯诺顿

琳达·达林－哈蒙德，斯坦福大学教育学教授。从1998年以来一直主持斯坦福师资教育计划，并担任美国国家教育学会教育委员会主席。她的研究、教学和政策工作集中在教学质量、学校改革以及教育公平方面，主要著作有《教学是终生的学习》、《学习的权力》等。

琼·巴拉茨－斯诺顿，美国教师联合会（AFT）教育问题司主任，曾担任过美国职业教学标准委员会副主席。她的研究探索了标准化测试在中小学和大学的影响及应用、对教学和其他职业新入行者的影响和应用。

全书共分四章。第一章讲述优秀教师应把握的三个关键点：了解学习者及其发展状况；了解科目内容和课程目标；了解教学的真谛。第二章揭示优秀教师是怎样发展和学习的，主要论述了教师从关注自身到关注学生以及教学学习中的三大难题。第三章

探讨优秀教师如何演绎职业角色。第四章是师资培养在美国，讲述美国教师的生存发展状况。

　　本书基于美国教师师资培养与继续教育的经验，从优秀教师应该把握的三个关键点切入，探讨优秀教师的成长之路，为广大教师尽情演绎优秀的职业角色提供了中肯的指南。每一位教师都可以从本书中得到如下一些启示：教学的真谛是什么？孩子们需要什么？我要教给他们什么？如何从学习者跨越成为优秀的教育者？我要成为一名怎样的老师？等等。

《劝学篇》

福泽谕吉

福泽谕吉（1834～1901），日本近代教育家、思想家。出身于下级武士家庭，曾三度游历欧美，一生积极从事翻译和著述，进行出版和教育活动，介绍先进国家的情形，促进日本的"文明开化"。

《劝学篇》是17篇相关的杂文集，陆续发表于1872～1876年间。《劝学篇》发表的时候，正是明治政府完成"废藩改县"，日本资本主义开始大踏步前进的时候。该著作充分发挥了西方资本主义的"天赋人权"的自由平等之说，提倡日本的自由独立人格，并根据"社会契约论"，强调人民在国家中的主体地位，号召日本人民舍身为国，使日本文明赶上西方先进的资本主义国家。贯穿本书的主导思想是以"学问"培养日本人民的独立人格，振奋民族精神、从而保持日本民族的独立。

在福泽谕吉看来，国家的独立、社会的文明进步及个人的独立人格的塑造，其最大的障碍就是专制集权主义。不论是国家与国家之间的平等和独立，还是社会上人与人之间的个人独立和自由，都要依靠教育才能求得。

要培养人的独立的人格，也只有依靠教育、依靠其向学的程

日

本

度。最为重要的就是学者们要树立振国励民的远大理想，肩负起振兴国家，促进"文明开化"的重担，超凡脱俗，振励乾坤，而不要自甘庸俗。独立的人格必须具备于实际生活和社会文明进步有实际用处的科学文化知识。此外，还要培养人们适应现代社会生活方式，在现代社会中与人交往的能力，这是人实现其独立人格的媒介。

　　福泽谕吉的《劝学篇》表现了温和的自由主义者和较为激进的资产阶级民主自由主义者的要求。书中所宣传的"四民平等"、"民族平等"、"一身独立、一国独立"等政治思想和实用主义的教育观、道德观以及对文明进步的充分信心，对学者们不要独善其身，而要兴办事业、促进文明、为人类造福的勉励以及学用结合、言行一致的思想，表现了新兴资产阶级的积极进取和现实的精神，不仅对明治政府的革新发生了重大影响，而且也被采纳到教育改革、学制改革的指导思想中。

《全人教育论》

小原国芳

　　小原国芳（1887～1977），日本教育家，玉川学园的创始人。出生于鹿儿岛。先后进入鹿儿岛师范学校、广岛高等师范学校、京都大学学习。大学毕业后，就职于广岛高师附属小学。1919年12月，担任成城学园小学部主事。1920年，创办了《教育研究》

杂志。1921，在日本学术协会主办的"八大教育主张讲演大会"上，第一次提出了"全人教育"的主张。1929 年在东京郊外创立了玉川学园。1947 年把玉川学园建成为包括幼儿园、小学、中学、大学的综合性的教育机构。在此期间，曾多次到国外进行考察，也向世界各国介绍了日本的新教育运动。曾主持出版《儿童百科大辞典》、《学习百科大辞典》以及以大学生和成年人为对象的《玉川百科大辞典》。主要著作有《全人教育论》、《教育改造论》、《自由教育论》、《思想问题和教育》、《道德教育革新论》、《教育立国论》、《理想的学校》、《学校剧论》、《作为教育根本问题的宗教》及《作为教育根本问题的哲学》等。

《全人教育论》原是小原国芳 1921 年在"八大教育主张讲演大会"上发表的关于"全人教育"主张的演说讲稿，后经过作者在玉川学园几十年的教育实践，大大丰富了其内容，完备了理论体系，于 1970 年代重新补充修正后出版。

全书围绕全人教育的思想，共分"全人教育论"、"价值体系论"、"教育理想的归趋"、"同全人教育关系密切的诸问题"和"作为教育结论的教师论"等主要章节。

全人教育的思想是小原国芳整个教育思想的核心部分。在他看来，全人教育就是完全人格、和谐人格的教育。全人教育的培养目标就应该是多方面和谐发展的人。它的教育内容应该包括人类文化的全部，而缺乏人类文化的教育则是畸形的教育。他认为那种为考试做准备的教育，让学生进行死记硬背、填鸭式的教育，进行补习的教育等，都是破坏学生作为一个真正的人的教育。为

日

本

此他提倡全人教育。而且，他还认为全人教育应该由六个方面组成，即学问、道德、艺术、宗教、身体和生活。

他还论述了教师的重要性。在他看来上述的各种理论的实行，归根到底要由教师来完成。所以，他主张对教师进行严格的审查，每隔5年或10年就对教师是否合格审查一次。对新设立的大学，特别是国立的培养教师的大学更要认真对待。并强调指出，在各种行业中教师应该是第一，在投资中教育投资应该第一。

《早期教育与天才》

木村久一

木村久一（1883～1977），日本心理学家、教育家，儿童早期教育的鼻祖，日本百科全书——《大百科事典》的最早编撰者。生于日本山形县，1913年毕业于东京大学，曾在早稻田大学、明治学院、青山女子学院等教授心理学、伦理学和英语。他一生致力于儿童早期教育与智力开发研究，日本皇室在给他授勋时盛赞道：木村先生成功提升了一代日本国民的素质。

《早期教育与天才》着重谈幼儿教育，同时也涉及学校教育。木村久一在书中不仅介绍了自己的教育理念，也引进了卡尔威特、斯特娜、赛德兹博士、巴尔博士、威纳博士、汤姆逊兄弟以及穆勒和歌德等人的教育学说与教育理念，并在他们的基础上作了进一步的阐述与推广。另外，作者在书中还充分剖析了很多易于被父母忽视的儿童心理和接受教育的特点，全方位地总结了世界上杰出"天才"们在成长阶段的培养经验，以各种事例从有效教育的角度向人们展现了早期教育的精华。

这本书也是最早、最完全、最详尽的早期教育理论的集大成者，是广大父母教育子女的首选著作。近一个世纪以来，被教育学界奉为家庭教育的"圣经"，一代又一代的人从中受益。

《窗边的小豆豆》

黑柳彻子

黑柳彻子，日本女作家，电视节目主持人，联合国儿童基金会亲善大使，社会福利法人"小豆豆基金"理事长，社会福利法人"小步的箱子"理事、"世界自然保护基金"理事、"岩崎画册美术馆"馆长。以《窗边的小豆豆》等享誉国际。

《窗边的小豆豆》于1981年首次出版。该书出版后，不仅在日本，而且在全球都引起了极大的反响，截至2001年，日文版累计销量达938万册，成为日本历史上销量最大的一本书。该书已被译成了33种文字，介绍到世界各地。这本书不仅带给世界几千万读者无数的笑声和感动，更为现代教育的发展注入了新的活力，成为20世纪全球最有影响的作品之一。

日

本

　　本书讲述了作者上小学时的一段真实的故事：小豆豆因淘气被原学校退学后，来到巴学园。小林校长却常常对小豆豆说："你真是一个好孩子呀！"在小林校长的爱护和引导下，在一般人眼里"怪怪"的小豆豆逐渐成了一个大家都能接受的孩子，并奠定了她一生的基础。

　　"巴学园"是一个与众不同的地方，有着与众不同的校门、与众不同的教室、与众不同的校长、与众不同的午餐，更有着与众不同的教育方法。每一天的第一节课，老师就把当天要上的课和每一节课的学习重点都写在黑板上，然后说："下面开始上课了，从你喜欢的那门课开始吧。"于是小朋友就从自己喜欢的那门课开始，有人写作文，有人做物理实验，有人做数学题。慢慢地老师就会知道每一个学生的兴趣所在，和他感兴趣的方式，思考问题的方法，这样因材施教才是最有效的教育方法。

　　"无论是什么样的人，上天都必然赐予他一项出类拔萃的才能。"这句话像小林校长常常说的"你真是一个好孩子"一样，深深地影响了小豆豆的一生。长大后，小豆豆开始寻找最适合自己的人生方向：她学过芭蕾、绘画、单杠、英文打字、驯犬、服装设计、变魔术、骑马、跳水、打网球……虽然一件一件都失败了，但她始终坚信"我一定会有一项适合自己的才能"，并且不断地挑战下去。

　　如果说成长就是要逐步建立一套属于自己的判断系统，那么小豆豆的行为判断首次超越了所有成人模式的利弊权衡，她让我们发现：原来孩子内心的成长和满足的并不仅仅意味着成熟，原来我们也能够如常地生活、成长却还一直葆有最轻盈最美妙的一颗童心。正是在这样不压抑、也不向传统"成熟"原则无条件妥协，才使成长变成了一个自然而美好的过程。

《走出教育改革的误区》

藤田英典

藤田英典，日本教育家，东京大学教育学部长。

本书共五章，内容包括教育改革的时代、六三三制和中等教育、教育福利社会的思想、教育问题和教育改革、学校复兴的战略等。另收录作者的论文3篇。作者在书中剖析了20世纪80年代以来日本在教育改革方面存在的种种误区，如校园暴力、以强凌弱及拒绝上学等所代表的"教育病理"问题，过热的升学考试竞争，管理主义式教育，划一性教育，僵硬的教育制度等，揭示了近年来教育改革中的新动向，如择校问题、教育的市场化、中等教育的改革等。

日

本

《论语》

孔 子

孔子（前551年～前479年），春秋末期思想家、政治家、教育家，儒家学派创始人。15岁"志于学"，他学无常师，好学不厌。30岁时，成为当地较有名气的学者，收徒授业，开创私人办学之先河。35岁时，因鲁国内乱而奔齐，做了贵族高昭子的家臣。随后周游六国。前484年，被鲁国季康子从卫国迎接回国，尊为"国老"，但仍不得重用。于是居家专心研究、整理《诗》、《书》、《礼》、《乐》、《易》等文化典籍，同时开坛设教，广收弟子，努力举办教育事业。在教学实践中，总结出一整套教育理论，如因材施教、学思并重、举一反三、启发诱导等教学原则和学而不厌、诲人不倦的教学精神，及"知之为知之，不知为不知"和"不耻下问"的学习态度，为后人所称道。孔子一生的主要言行，经其弟子和再传弟子整理编成《论语》一书，成为后世儒家学派的经典。

"百家争鸣"的春秋战国之交，是中国思想史上第一个黄金时期。中国传统中很多光辉的思想主张，都产生于那个时代。以孔子为代表的儒家，即是"百家争鸣"中最重要的一个学术流派。而《论语》又是儒家最重要的经典作品之一。

作为孔子及门人的言行集，《论语》内容十分广泛，多半涉及人类社会生活问题，对中华民族的心理素质及道德行为起到过重大影响。近代新文化运动之前，约在两千多年的历史中，它一直是中国人的入学必读之书，是中国历史上最早的一部教育书。

现存《论语》共20篇、492章，共11000余字。其中记录孔子与弟子以及时人谈论之语约444章，记孔门弟子相互谈论之语48章。

孔子认为治理国家最根本的要靠教育，主张"有教无类"，即受教育者不应分贵贱、贤愚，应该机会均等。这一思想打破了教育的等级界限，扩大了教育对象，使教育扩及广大平民。

在孔子看来，教育的目的除了用仁义礼净化人们的灵魂，协调人们的社会行为之外，其重要目的在于培养具有仁义之心的"仕"、"君子"，以为当时的社会服务，这就是他著名的"学而优则仕"思想。

孔子教学很注重人的内在素质和外在表现的统一，提出了"文质彬彬，然后君子"这一论断，认为德才兼备、表里如一才能算是真正的人才。在德育之外，他也很重视学生的智育，即重视学生文化知识的学习和技能技巧的培养。孔门教育有"六经"和"六艺"之分，"六经"之教偏重于文化知识的传授，"六艺"之教偏重于技能技巧的训练。孔子认为，学生综合"六经"和"六艺"两方面的学习后，便既可以具有良好的道德修养，也具备一定的文化知识和从政必备的技能技巧。

在教育弟子时，孔子要求弟子不只是接受自己的教育，还要广泛地以贤者为师、以能者为师。他教育弟子说："敏而好学，

中
国

不耻下问"。

孔子的一生身体力行地实践"礼"、"仁",在教学态度上也是严肃认真的。他提出的教育原则和方法主要有因材施教、启发诱导、循序渐进、教学相长、温故知新、好学乐学、学习结合、学思结合、学行一致、培养独立思考能力、以身作则等。

《孟子》

孟 子

孟子（约前372～前289），战国时期思想家、教育家，儒家代表人物之一。后世将其与孔子并称为"孔孟"，称其为"亚圣"。他的老师是孔子之孙孔伋（子思）的门人。孟子远祖是鲁国贵族孟孙氏，后来家道衰微，从鲁国迁居到邹国。三岁丧父，由孟母将其抚养成人。曾游历齐、宋、滕、魏诸国，宣传先王之道，不为采纳，归而与弟子讲学著书，作《孟子》7篇。孟子维护并发展了儒家思想，提出了"仁政"学说和"性善"论观点，坚持以"人"为本，他的理论对后世影响很大。其思想与孔子思想合称为"孔孟之道"。

孟子生前虽未能实现其平治天下的愿望，但他的思想是上承孔子、下启荀子的先秦儒学的一个重要发展阶段，对后世的政治、经济、文化、教育等都产生了重要而广泛的影响。《孟子》一书，北宋神宗熙宁四年（1071年）首次被列为科举考试科目之一，南宋朱熹将其与《论语》、《大学》、《中庸》合为"四书"。这本书中包含有丰富的教育理论和教育实践素材。

孟子说："设为庠序学校以教之。庠者，养也；校者，教也；序者，射也。夏曰校，殷曰序，周曰庠，学则三代共之，皆所以明人伦也。人伦明于上，小民亲于下。"孟子在此第一次明确地概括出中国古代学校教育的目的——"明人伦"，又说明了教育就是通过实现"明人伦"来为政治服务的。孟子希望把国家的统一、政治的实现，建立在血缘宗法关系的基础之上，而孝道就是固结宗法关系的纽带。他认为君主如果以孝治国，"老吾老以及人之老，幼吾幼以及人之幼"，那么"天下可运于掌"，否则连家也难保；只要人人能够亲其亲，长其长，天下就会太平。

在孟子看来，教育的全部作用在于经过扩充人固有的善进而达到国家的治理。他说："凡有四端于我者，知皆扩而充之矣。若火之始燃，泉之始达。苟能充之，足以保四海；不能充之，不足以事父母。"扩充善端，如同星火燎原，如同涓滴成河，由此保证天下安定。孟子理想中的政治是从教育入手的，而教育又是扩充善端的过程。

孟子强调在教学中发挥学生的主动精神，依靠学生自求自得。他说："君子深造之以道，欲其自得之也。自得之，则居之安，居之安则资之深，资之深则左右逢其源。"他认为读书是必要的，但应求理解，使书为己用，而不能书云亦云。他说："说诗者，不以文害辞，不以辞害志。以意逆志，是为得之，尽信书则不如无书。"

　　孟子十分注意培养学生专心致志的学习态度。他认为不论智慧高低，不论内容难易，能专心致志就能学有所得，心不在焉就会一无所得。他说："今夫弈之为数，小数也。不专心致志，则不得也。弈秋，通国之善弈者也，使弈秋诲二人弈，其一人专心致志，惟弈秋之为听；一人虽听之，一心以为有鸿鹄将至，思援弓缴而射之。虽与之俱学，弗若之矣。为是其智弗若欤？曰非然也。"

　　他认为，学习不仅要专心致志，而且还要持之以恒。他说："虽有天下易生之物也，一日曝之，十日寒之，未有能生者也。"又说："有为者辟若掘井，掘井九仞而不及泉，犹为弃井也。"学习上也需要这种不达目的誓不罢休的精神。

　　他说："大匠不为拙工改度绳墨，羿不为拙射变其彀率。君子引而不发，跃如也。中道而立，能者从之。"正因为如此，教学方法不能千篇一律，而应根据不同情况采取多种多样的方法。他说："君子之所以教者五：有如时雨化之者，有成德者，有达财者，有答问者，有私淑艾者，此五者，君子之所以教也。"又说："教亦多术矣，予不屑之教诲也者，是亦教诲之而已矣。"

　　孟子认为进行教学和学习知识如同植物生长一样，有自己的规律，必须循序渐进，而不能揠苗助长，急于求成。并说："流水之为物也，不盈科不行。君子之志于道也，不成章不达。"提醒人们"其进锐者其退速"。

《学记》

乐正克

乐正克（约前300～前200年），姓乐正，名克，战国时鲁国人，以职业为姓。思孟学派的重要人物，孟轲的学生，并深得孟轲的信任和赏识。战国时代儒分为八，其中一派就是"乐正氏之儒"。

《学记》成书于战国末年至汉初之间，是我国古代教育史上最早且最精辟的一篇重要的文献，标志着我国早在战国时就已经出现了专门的教育科学著作。它比古罗马教育家昆体良的《论演说家的教育》早300多年，比17世纪捷克教育家夸美纽斯的《大教育论》早1800多年。它虽然只有1000多字的篇幅，却全面地总结和概括了战国以前的教育实践经验和教育理论，并着重揭示了教与学的辩证关系，并从教的角度，提出了一系列教育与教学的原则、方法，特别说明了教育作用的必要性与可能性。这些深刻而丰富的论述，包含着丰富的教育学、教育心理学与教学法的思想资料，为后世许多教育家所继承和发展，对于中国教育学、心理学的创立和发展有重大的影响。

《学记》全文1229字，分为20小节，每节基本上论述一个问题，对教育的作用、目的、任务、教育的制度、学校的管理、教

育与教学的原则和方法、教师的地位和作用、师生的关系等问题，都有阐述。

《学记》对教育的作用作了充分的肯定，认为治理国家和统治人民，应以兴办教育为首要任务。在肯定教育作用的前提下，提出了关于建立学制系统的设想："古之教者，家有塾，党有庠，术有序，国有学。"并以国都设立的大学为模式，拟定了一个九年制的大学教育计划，包括考试制度。规定每隔一年进行一次考试：第一年考查学生明析经义的能力和学习的志趣；第三年考查学生是否专心学习和与周围的人是否和睦相处；第五年考查学生学识是否广博和同老师是否亲密无间；第七年考查学生研究学问的本领和识别朋友的能力。七年考试合格的就叫做"小成"。到第九年考查学生在学业上能否触类旁通，在志趣上能否坚定不移。考试合格者谓之"大成"。

关于学校的管理方面，《学记》提出大学开学时，天子率领职官亲临学宫，举行开学典礼，祭祀"先圣先师"；天子率领职官还定期到学宫视察。这些都作为定制，体现国家对教育的重视。对学生要求进行入学教育，要求学生遵守学校的规则与纪律。

《学记》认为"教"与"学"是不断深入、不断发展的同一过程和两个方面。"教"因"学"而得益，"学"因"教"而日进，"教"能助长"学"，反过来"学"也能助长"教"，因而主张"教学相长"。

《学记》提出要把"正业"与"居学"、"藏修"与"息游"结合起来。所谓"正业"、"藏修"是指教师在校按时讲授的正课。所谓"居学"、"息游"是指学生课外的活动与自修自习。《学记》很重视课外的自修自习对于巩固正课学习和加深对正课的理解的重要作用。认为课外自修自习应看做是与正课相配合的教学过程的必要组成部分，它们之间是相互依存、相互促进的。

《学记》重视学生的个性心理特征，认为这些特征的存在和表现是有差异的，只有了解学生的个性心理特征及其差异，才能适当加以引导，并发扬其积极因素，克服其消极因素。它把学生学习的个性心理特征及其差异分为四类并分别针对其特点提出相应的教学方法。"长善救失"原则既包含有重视正面教育的意思，又包含有因材施教的思想。为了贯彻以上重要的教育、教学原则，《学记》还系统地提出了问答、讲解、练习、类比等教育、教学方法。此外，《学记》还从反面批判了当时违背教育原则、方法的一些错误做法：不考虑学生的志趣和接受能力，只知用机械的诵读和注入式的讲解向学生灌输知识；要求学生呆读死记，教师只顾赶进度，而不管实际效果等等。《学记》认为教育与教学原则是不能违背的，否则教学就要归于失败，这从反面证明了遵循教育、教学原则的重要性。

《学记》要求给教师以崇高的社会政治地位，明确提出了"师严道尊"的思想，其目的在于把教师当作整个封建思想体系的代言人，拥有最高的解释权。《学记》通过尊师来尊重封建主义的"道"，因为教师是"道"的传播者。《学记》认为在上位的人，尤应尊师，因为在上位的人尊师，就可以引导人民重"道"，于是才能在全国造成重视教育的风尚。所以《学记》认为

连拥有最高权力的国君，对于教师也不以臣礼相待，这是以身作则之意。国君作出了榜样，就会产生巨大的影响，促成全社会的尊师重道之风气。

《颜氏家训》

颜之推

颜之推，南北朝至隋时人，原籍琅琊临沂，先世随东晋渡江，寓居建康。侯景之乱，梁元帝萧绎自立于江陵，之推任散骑侍郎。承圣三年（554），西魏破江陵，被俘西去。他为回江南，乘黄河水涨，从弘农（今河南三门峡西南）偷渡，经砥柱之险，先逃奔北齐。但南方陈朝代替了梁朝，南归之愿未遂，即留居北齐，官至黄门侍郎。577 年，齐亡入周。隋代周后，又仕于隋。《家训》一书在隋灭陈（589）以后完成。

《颜氏家训》全书共20篇，内容涉及的范围相当广泛，包括修身、养性、治家、为学、处世等诸多方面。全书以家训形式，不仅有对后辈们的谆谆教导，还包括了颜之推自己对社会政治、思想文化、伦理道德、风俗习惯等一系列问题的独到见解。本书对颜氏子孙后代以及整个后世教育产生了直接并深远的影响。纵观历史，颜氏子孙在操守与才学方面都有惊世表现。根据新编《陋巷志》的记载，颜之推的三个儿子颜思鲁、颜愍楚、颜游秦，四个孙子颜师古、颜相时、颜勤礼、颜育德，都是很有名气的人。光以唐朝而言，像注解《汉书》的颜思古，书法为世楷模、笼罩千年的颜真卿，凛然大节震烁千古、以身殉国的颜杲卿等人，都令人对颜家有不同凡响的深刻印象，更足证其祖所立家训之效用彰著。即使到了宋元两朝，颜氏族人也仍然入仕不断，尤其令以后明清两代的人钦羡不已。

作为我国历史上第一部内容丰富、体例宏大的家训，《颜氏家训》也是我国古代家庭教育思想史上的一个重要里程碑。书中所涉及的教育理论及实际问题非常广泛、全面，包括教育的作用、原则、内容、方法等。颜之推一生虽然没有参与具体的教育活动，但他以自身的经历和体验所总结出来的教育思想和教育方法有许多是符合现代教育规律的。

颜之推宣扬性三品说，他把人性分为三等，即上智之人、下愚之人和中庸之人。他说："上智不教而成，下愚虽教无益，中庸之人，不教不知也。"教育的作用就在于教育中庸之人，使之完善德性，增长知识。

关于教育的目的，颜之推指出："古之学者为人，行道以利世也；今之学者为已，修身以求进也。"他认为传统的儒学教育必须改革，培养的既不是难以应世经务的清谈家，也不是空疏无用的章句博士，而是于国家有实际效用的各方面的统治人才，它包括：朝廷之臣、文史之臣、军旅之臣、藩屏之臣、使命之臣、兴造之臣。从政治家到各种专门人才，都应培养。这些人才应专精一职，具有"应世任务"的能力，是国家实际有用的人才。颜之推的这种观点，冲破了传统儒家的培养比较抽象的君

子、圣人的教育目标，而以各种实用人才的培养作为教育的重要目标。

为了培养"行道以利世"的实用人才，颜之推提倡"实学"的教育内容。他认为培养出来的人才必须"德艺同厚"。所谓"德"，即恢复儒家的传统道德教育，加强孝悌仁义的教育。所谓"艺"，即恢复儒家的经学教育并兼及"百家之书"，以及社会实际生治所需要的各种知识和技艺。值得注意的是，颜之推还强调士大夫子弟要"知稼穑之艰难"，学习一些农业生产知识，这与孔子轻视农业生产的态度有所不同。

颜之推提倡虚心务实的学习态度，他反对妄自尊大，骄傲浮夸的学风。他认为只有尽可能地扩大获取知识的范围，并把所学的知识进行比较、鉴别，才能更接近客观的真理。他提倡既要博览群书，又要接触世务，籍以培养自己的独立思考能力，所谓"博学求之，无不利于事也"。

家庭教育方面，颜之推提倡尽早施教，严格教育，注重环境习染、注重道德教育、重视家庭的语言教育。他教育子女为实践仁义道德的准则，应不惜任何代价，以至牺牲生命。他认为立志尤为重要，士大夫子弟只有确立远大的志向、理想，才经得起任何磨难，坚持不懈，成就大业。他说："有志尚者，遂能磨砺，以就素业。"他教育子女以实行尧舜的政治思想为志向，继承世代的家业，注重气节的培养，不以依附权贵、屈节求官为生活目标。

《四书章句集注》

朱　熹

　　朱熹（1130～1200），南宋思想家、教育家、宋代理学集大成者。生于福建尤溪，14岁丧父，随母定居崇安（今福建武夷山市）五里夫。绍兴十八年（1148）中进士，历仕高宗、孝宗、光宗、宁宗四朝，曾任知南康，提典江西刑狱公事、秘阁修撰等职。后由赵汝愚推荐升任焕章阁侍制、侍讲。庆元三年（1197），韩侂胄擅权，排斥赵汝愚，朱熹也被革职回家，庆元六年病逝。嘉定二年（1209）诏赐遗表恩泽，谥曰文，寻赠中大夫，特赠宝谟阁直学士。理宗宝庆三年（1227年），赠太师，追封信国公，改徽国公。生平著述极丰，如《四书章句集注》、《诗集传》、《朱子语类》、《文公家礼》、《朱晦庵集》等。

　　《四书》是《论语》、《大学》、《中庸》、《孟子》的合称。《论语》、《孟子》原自有书，《大学》、《中庸》原来是《礼记》中的两篇，没有独立成编。南宋光宗绍熙元年（1190），朱熹在福建漳州将《大学》、《中庸》、《论语》、《孟子》汇集在一起，作为一套经书刊刻问世，并为其作章句集注。《四书章句集注》包括《大学章句》1卷、《中庸章句》1卷、《论语集注》10卷，《孟子集注》14卷。书中注释大多发挥理学家的论点，较系统地

反映了朱熹作为集大成者的理学思想。

本书的编排次序颇具深意，将《大学》排在首位，《中庸》次之，而后才是《论语》、《孟子》。在朱熹看来，《大学》是"初学入德之门"，初学者应先学《大学》，然后再学其他。《大学章句》内容丰富，有格物、致知、诚意、正心、修身、齐家、治国、平天下等"八条目"，是理学之伦理、政治、哲学的基本纲领，包含了理学之主要内容，所以朱熹特别看重它。《中庸》是"孔门传授心法"的重要著作，是儒家相传的思想原则，"中庸"是道德行为的最高标准，《中庸》所提出的"博学之，审问之，慎思之，明辨之"的学习过程和认识方法亦为朱熹所推重。

由于《四书集注》的刊行，《大学》、《中庸》、《论语》、《孟子》始被称为"四书"，与"五经"一起成为封建社会最重要的经典著作。南宋宁宗嘉定五年（1212 年），把《论语集注》和《孟子集注》列入学官，作为法定的教科书。明朝统治者更为重视理学，《四书章句集注》成为官定的必读注本和科举考试的依据。

《蔡元培教育论著选》

蔡元培

蔡元培（1868～1940），近代教育家、资产阶级民主革命家。一生致力于科学与民主，反对封建专制。其74年的人生历程，先后经历了清政府时代、南京临时政府时代、北洋政府时代和国民党政府时代，一路经历风雨，始终信守爱国和民主的政治理念，致力于废除封建主义的教育制度，为发展中国新文化教育事业，建立中国资产阶级民主制度作出了重大贡献，堪称"学界泰斗、人世楷模"。其教育论述见于《蔡元培教育文选》、《蔡元培教育论著选》等文集。

从清末的翰林到出国留学，蔡元培不仅具备了坚实的中国文化根底，同时对西方思想文化进行了深刻的研究。他痛切地认识到中国旧的封建教育制度对人才的扼杀，对科举制的余毒深恶痛绝，提出将教育的目标定为"育国家之良民"，认为新教育"当解放个人之束缚，而一任其自由发展"。在他看来，教育之目的在于健全人格，这也是现代民主国家的教育的目标之所在。他的教育思想始终贯穿在他一系列的教育改革和实践中。

蔡元培与清末"忠君"、"尊孔"的教育宗旨针锋相对，倡导以军国民教育、实利教育为急务，以道德教育为中心，以世界观教育为终极目的，以美育为桥梁的五项教育。这五项统统不可偏废，并且是相辅相成、相融相通的。前三者为隶属政治之教育，后两者为超越政治之教育。

他坚持教育独立的思想。所谓教育独立是指教育超然于政党，超然于教会，蔡元培一贯视教育为救国的基本途径，推崇思想、学术自由，加之身为北京大学校长，对政府官僚掣肘、摧残教育有深切的感受，因此是教育独立的积极倡导和支持者，并从理论上加以引导。

中

国

他极力主张学术自由、思想自由、言论自由，反对学术上的门户之见，反对独尊某一学术流派的做法，只要"言之成理，持之有故"，都并不予以干预。这体现在他不仅聘请思想进步的李大钊、陈独秀、鲁迅等人，同时延揽了思想保守但学识渊博的辜鸿铭、刘师培等任教。此思想提出后，一批具有新文化、新思想的代表人物进入北大，北大因此而成为中国思想活跃、学术兴盛的最高学府。"兼容并包"思想在接纳新文化、反对封建文化方面起到了积极作用。

蔡元培不仅是现代北大的缔造者，也是中国现代大学理念和精神的缔造者。他提出"大学者，研究高深学问者也"。并且开宗明义地向学生提出"抱定宗旨"，"为求学而来"，不为升官发财而来；"砥砺德行"；"敬爱师长"这三项要求。他认为，大学为纯粹研究学问之机关，不可视为养成资格之所，亦不可视为贩卖知识之所，学者当有研究学问之兴趣，养成学问家之人格，培养具备健全人格的学生，这才是大学的最高宗旨之所在。

他还主张按文理科和应用学科来分别设置高等学校。他认为"治学者可谓之大学，治术者可谓之高等专门学校"两类学校培养学生的目的不同，但地位同等，不存在高低之别。同时将"学年制"改为"学分制"，实行"选科制"，精简学校课程，力主自学，校内学生自治。

《陶行知教育文集》

陶行知

陶行知（1891～1946），近代教育家、民主革命家。自幼聪明好学，1914年毕业于金陵大学，后赴美国留学。1917年回国，历任南京高等师范学校教授、教务主任等。反对"沿袭陈法，异型他国"，推行平民教育。"五·四"运动后，从事平民教育运动，创办晓庄师范。1931年，任《申报》总管理处顾问。1932年起，先后创办了"山海工学团"，"晨更公学团"，"劳工幼儿团"，首创"小先生制"，成立"中国普及教育助成会"，开展"即知即传"的普及教育运动。1934年主编《生活教育》半月刊。"九·一八"事变后，积极从事抗日救亡运动。1938年8月，倡导举办了"中华业余学校"，推动香港同胞共赴国难。1939年7月，在四川重庆附近的古圣寺为儿童创办育才学校，培养有特殊才能的儿童。1945年当选为中国民主同盟中央常委兼教育委员会主任委员。1946年1月在重庆创办社会大学，推行民主教育。抗日战争胜利后，因"劳累过度，健康过亏，刺激过深"，患脑溢血逝世。毛泽东同志题词"伟大的人民教育家"。著有《中国教育改造》、《中国大众教育问题》、《古庙敲钟录》等。

陶行知是"五四"前后中国教育改造的旗手，他坚持从中国

中国

国情出发，办中国人民所需要的教育。本书汇集了陶行知先生平生教育教学研究与实践的精髓，行文深入浅出、通俗易懂，从"教学合一"、"学生自治"、"平民教育"、"学校观"、"创造的儿童教育"、"民主教育"等各个方面集中体现了陶行知先生的"生活即教育"及"知行合一"的独特教育思想，不仅具有很高的学术价值，而且对今天的中国教育改革也具有很强的借鉴价值和指导意义。

陶行知认为，"教育的根本意义是生活之变化。生活无时不变，即生活无时不含有教育的意义"。生活在变化中无时不出现问题和困难，"教育的目的，在于解决问题，所以不能解决问题的，不是真教育"。生活在不断发展、不断生长、不断积累社会经验。"教育是社会经验之改造。"教育过程即是对生活世界中的社会经验不断改组、不断改造和不断发展的过程。

他说，"教育是一种行动"。"教育就是力的表现或变化。世界是力创造的，所以解决困难也必须拿力来才行"。教育产生生活力或创造力。这些"力"产生的大小取决于是否用多数人的力、行动的力、有组织的力、自动的力和手脑并用的力。"唯有从行动上得来的真知识，才是真的力量。"

他倡导手脑双全、自立立人的教育。"手和脑在一块儿干，是创造教育的开始；手脑双全，是创造教育的目的。""滴自己的汗，吃自己的饭，自己的事自己干。"要"自立立人"，"自卫卫国"。其具体要求有过多次阐释，直到1945年，他明确为："健康、科学、劳动、艺术及民主将构成和谐的生活。"而且以"民主第一"为指导原则。

他还提出从教育上谋生活出路的七条原则：从学校到社会；从书本到生活；从教到做；从被动到自动；从士大夫到大众；从轻视儿童到信仰儿童；从平面三角到立体几何。这是生活教育理论体系的轮廓。"平面三角"指荀子批判小人的学习所用的话语："小人之学也，入乎耳、出乎口。口、耳之间则四寸耳。""立体几何"指"教学做合一"。这五个方面的主张综合起来可用一句话概括："要从整个生活出发，过整个的生活，受整个的教育。"

《叶圣陶教育文集》

叶圣陶（1894～1988），现代作家、语文教育家、编辑家、出版家、政治活动家。1907年考入苏州草桥中学，毕业后在一个初等小学当教员。1915年秋到上海商务印书馆附设的尚公学校教国文，并为商务印书馆编小学国文课本。1917年应聘到吴县用直县立第五高等小学任教。1921年与沈雁冰、郑振铎等组织"文学研究会"。1923年起开始从事编辑出版工作，主编或编辑过《文学周报》、《小说月报》、《中学生》、《国文月刊》、《笔阵》等。"九·一八"事变后投入抗日救亡活动。1946年后积极参加爱国民主运动。1949年后历任出版总署副署长兼编审局局长、教育部副部长兼人民教育出版社社长和总编辑等职。著有小说《隔膜》、《线下》、《倪焕之》，散文集《小记十篇》、《脚步集》、《西川

中国

集》，童话集《稻草人》、《古代英雄的石像》等，并编辑过几十种课本，写过十几本语文教育论著。作品多收在《叶圣陶集》里。

叶圣陶从1912年起从事语文方面的教学、编辑、出版工作，前后60多年，在这期间，他针对我国语文教育工作中的利弊得失写下了大量文章，借以阐发自己的教育思想和教育理念，从而形成了这套《叶圣陶教育文集》。

这套文集是作者关于教育的一系列作品的综合结集，共分五卷，内容包括关于教育的文学作品、关于教育的论著、关于语文教育的论著以及两本语文教材节录。

叶圣陶既有丰富的教育实践经验，又有深厚的教育理论知识。文集里的文章涉及的面很宽，性质也多种多样，有商讨语文教育的理论原则的，也有只谈论一篇文章或者评议一两个词语的。

他的语文教育思想，最重要的有两点。其一是关于语文学科的性质：语文是工具，是人们日常生活不可缺少的工具。其二是关于语文教学的任务：教语文是帮助学生养成使用语文的良好习惯。

关于教育的方法，叶圣陶认为：教师应该具备一定的修养，身教重于言教；教学就是"教"学生"学"，主要是把学习的方法教给学生，而不是把现成的知识教给他们。为此，他提出了"教是为了不教"这一著名论断。"尝谓教师教各种学科，其最终目的在达到不复需教，而学生能自为研索，自求解决。故教师之为教，不在全盘授予，而在相机诱导。必令学生运其才智，勤其练习，领悟之源广开，纯熟之功弥深，乃为善教者也。"他说："凡为教者必期于达到不须教。教师所务惟在启发导引，俾学生逐步增益其知能，展卷而自能通解，执笔而自能合度。"要达到这一目的，必须得使学生的学习由被动变为主动。例如要求学生预习，给以必要的指导；发起对课文的讨论（主要指语文方面，不是内容方面），予以有效的启发；对学生的作文只给些评论和指点，让他自己去考虑如何修改；如此等等。

关于教育的目的，他主张教书与育人紧密结合，教育是人类获得生存资料和经营生活的一种工具，教育应该有助于帮助学生认识自己、革新自己、成就自己。

《活教育与死教育》

陈鹤琴

陈鹤琴（1892～1982），近现代教育家。15 岁入杭州蕙兰中学，1911 年 2 月入上海圣约翰大学，同年秋转入北京清华学堂。1914 年留学美国，与陶行知同行，就读于约翰斯·霍普金斯大学、哥伦比亚大学。1919 年 8 月回国，任南京高等师范学校教授。1921 年出版了与廖世承合编的《智力测验法》。1922 年出版《语体文应用字汇》，为第一本汉字查频资料，开创了中国汉字字量的科学研究。1923 年任东南大学教授兼教务主任，创办南京鼓

中

国

楼幼稚园。1928年至1939年任上海公共租界工部局华人教育处处长，创办多所小学、幼稚园和中学。1939年任中华儿童教育社主席。1940年创办江西省立幼稚师范学校，并任校长。抗战时期，任上海市难民教育委员会及国防救济会难民教育股主任，创办救济会中学、儿童保育院、报童学校。创办《活教育》月刊。抗战胜利后，任上海市教育局督导处主任督学，创立上海市立幼稚师范学校，后改名上海市立女子师范学校。并先后担任上海省吾中学、华模中学和报童小学校长、校董事会董事长。1949年8月任中央大学师范学院院长。1949年10月后，先后任中国教育会名誉会长、全国幼儿教育研究会名誉会长、南京师范学院院长等职。主要著作有《儿童心理之研究》、《家庭教育》、《我的半生》等，出版有《陈鹤琴教育文集》。

1940年，陈鹤琴到江西办学。在这里，他确定并实施了活教育的三大目标：做人，做中国人，做现代中国人；大自然，大社会，都是活教材；做中学，做中教，做中求进步。在这里，他主编的《活教育》正式创刊发行，先后发表了《什么叫做"活的教育"》、《活教育与死教育》等一系列阐述活教育理论的文章。其中发表在《活教育》1941年1卷2期上的《活教育与死教育》一文全面论述了活教育与死教育的根本区别，活教育与死教育在课程、教学、教师、儿童、行政、设备等方面的详细区别。

他论述到，简单地说，活的教育就是"不是死的教育"。书本主义的教育就是死的教育。我们要活的教育，教材是活的，方法是活的，课本也是活的。我们一起为儿童谋福利。尽量利用儿童的手、脑、口、耳、眼睛，打破只用耳朵听，眼睛看，而不用口说话，用脑子想事的教育。

要教育好儿童，要使我们的教育是活的，不是死的，必定要懂得儿童心理。引证中国大教育家陶行知先生描写中国现在教育的情形时的两句警语：教死书，死教书，教书死；读死书，死读书，读书死。我们把它改为：教活书，活教书，教书活；读活书，活读书，读书活。

他说，人生存在世界上，由于自然的及认为的环境的不同，人又有了以世界为范围的世界人和以国家为范围的国家人。首先，我们生在中国，是一个中国人，做一个中国人应当与其他国家的人有所不同。活教育不是要人受苦难，它要求做现代中国人，现代中国人必须具备以下几个条件：要有健全的身体；要有创造的能力；要有服务的精神；要有合作的态度；要有世界眼光。其次，中国是世界的一环，不能脱离世界关系而孤立自存；生在今日世界的一个中国人，除了过国家的生活外，同时还要过世界的生活。因此活教育要求进一步做世界人，做现代世界人。

总之，活教育的目的就在于做人、做中国人、做世界人。即在于培养具有"爱国家、爱人类、爱真理"的"人"、"中国人"、"世界人"。

《爱心育人》

斯　霞

　　斯霞（1910~2004），小学教育专家，南京师范大学附小特级教师。1922 年就读于杭州女子师范学校，1927 年毕业后，先后在浙江绍兴、嘉兴、萧山、杭州及江苏南京等地小学任教。1932 年起在中央大学实验学校小学部（南京师范大学附属小学前身）工作，后分别在绍兴第五中学附小、嘉兴县集贤小学、萧山湘湖师范、南京东区实验小学、中央大学实验小学、南京师院附属小学等任职。曾任南京市教育局副局长。主要著作有《斯霞教育经验选编》、《斯霞教育文集》、《斯霞之路》、《我的教学生涯》、《爱心育人》等。

　　在长期的实践中，斯霞积累了极为丰富的教育教学经验，形成了一套比较完整的教育教学思想，特别是 20 世纪 50 代，她创造出"字不离词、词不离句，句不离文"的小学语文随课文分散识字教学法，大面积、高效率地提高了识字教学的质量。60 年代，经专家学者总结、论证，斯霞的"以语文教学为中心，把识字、阅读、写话三者结合起来"的小学语文教学法，在全国产生广泛影响。

　　斯霞立志终身做小学老师。《爱心育人》是她长期教育实践的成果展示。全书分两部：第一部为"育人之道"，是斯霞本人撰写的在各报刊上发表的有关学校教育和家庭教育的重要论述，包括"教育思想篇"、"教学思想篇"和"家庭教育篇"；第二部为"斯霞之路"，是记者专家们撰写的有关斯霞的教育事迹、教学经验的报道特写和评述，包括"爱心育人"、"师生楷模"、"霞红满天"。斯霞把爱灌注在她的全部教育过程中，用爱的教育去关心学生、引导学生、感化学生，用全身心的爱去教育学生。由于爱的教育，再难教的课文（字词）也变得浅显易懂、生动有趣；再顽皮的孩子也变得活泼可爱、聪明好学。

全书不仅阐述了斯霞多年来的宝贵教学经验及教育思想，还包含一系列感人肺腑的生动事迹，真正体现了斯霞爱的教育和爱的奉献。书中所体现的斯霞的教师观对中国当前的素质教育以及教师教育都有十分重要的启示意义。

《新教育之梦》

朱永新

朱永新，当代教育家，苏州大学教授、中国教育学会副会长、教育部教师教育专家委员会委员、教育部心理学教学指导委员会委员，"新教育实验"发起人。著作大多收入《朱永新教育文集》。另主编《当代日本教育丛书》、《教育在线文库》等，并主持《新世纪教育文库》的编选与出版工作。

《新教育之梦》最早的版本是南京师范大学出版社 2000 年出版的《我的教育理想》。2002 年人民教育出版社在增加理想的德育、智育、体育、美育和劳技教育等内容的基础上，推出《新教育之梦》。

在《新教育之梦》问世的同时，新教育实验也在苏州昆山的一所学校正式启动，随后在全国其他地方也不断有学校与老师加入新教育实验运动。从某种意义上讲，《新教育之梦》可以看做是一本如何做好教师、好校长、好学生、好家长的"教育指南"。

本书是作者对教育宏观问题的思考和对教育理想宏伟蓝图的诠释。全书共分十章，围绕构成现代教育诸要素的核心内容——德育、智育、体育、美育、劳技、学校、教师、校长、学生、父母等，以朴实、通俗的语言剖析总结了现行教育中存在的盲点和缺陷，以翔实的数据、典型的事例提炼论证了中外教育名家的理念精华，从理论层面和实践层面提出了理想的教育追求和目标。文后收录有《新教育实验的理论与实践》，介绍了新教育实验的基本理念、价值观、六大行动等内容，以及新教育实验学校实践探索的情况。

朱永新对理想教育的热切呼唤不是单纯建立在对美好教育憧憬的描述上，而是深深地建立在对现实教育的深刻剖析与批判基础之上。如作者在"理想的德育"中批判道："学生最不满意在课堂上和办公室里用两种声音说话的教师，最不满意用那些连自己也不相信的东西来征服学生的教师，最不满意那种盛气凌人、以教育者自居的教师……"从而提出了理想的德育应该重视心灵的沟通，应该是没有教育痕迹的交流，是没有心理距离的对话，应该是在促膝谈心的氛围中进行的……又如作者在"理想的教师"中批判道："我们的不少教师，没有爱心，不是担任教书育人的角色，而是担任'教育警察'的任务，不是肯定成绩，而是发现缺点，……我觉得我们很多教师扮演的就是一个'刽子手'的角色。"作者在批判的基础上提出，理想的教师应该是一个充满爱心、受学生尊敬的教师。教育的重要前提就是爱心，只有在爱的基础上，教师才会投入他的全部力量，才会把青春、智慧，无怨无悔地献给孩子和教育事业……作者对教育问题的批判是作者从事二十余载教育工作，时刻关注教育而提出的真知灼见，是作者作为学生、教师、教育研究者、教育行政官员等多重身份，在学习教育、研究教育、管理教育中得出的深切感受，所以能直指教育"病灶"，给人启迪，这也充分体现了作者对中国教育发展的高度的责任感和强烈的使命感。

《教师角色与教师发展新探》

叶 澜

叶澜，华东师范大学教授，"新基础教育"理论的开创者。主要研究领域为教育学原理、教育研究方法论及当代中国基础教育、教师教育改革等。主要著作有《教育概论》、《教育研究方法

论初探》，并撰写并主编有"教育学科研究"丛书、"世纪之交中国基础教育改革"丛书、《新编教育学教程》、《"新基础教育"探索性研究报告集》、《教育理论与学校实践》等。

《教师角色与教师发展新探》是"世纪之交中国基础教育改革研究"丛书之一，本书从道德、专业发展和美学的角度对教师这个古老的职业作了时代的诠释。它不是讲教师应怎样育人，而是"放在教师如何'育己'这一通常被人忽视，然而却是对教育质量、教师的生命质量具有决定性意义的问题上"。正如本书导论中所说，"这是一本探讨关于教师职业的生命价值的著作"。

全书共分五部分：第一部分"导论"，包括对教师职业内在价值的认识和新世纪专业形象的总体概述；第二部分"教师德性论"，从追问"教师德性是什么"入手，论述了教师德性的核心构成以及养成；第三部分"教师审美论"，阐述了教师职业美的产生、表现和价值；第四部分"教师发展论"，则通过对教师专业发展研究的历史梳理，对教师专业发展的基本特征、发展过程和机制进行了介绍；第五部分"结语"，以"面向21世纪新基础教育探索性研究"课题所提供的经验为依托，对教师如何实现发展进行了深入的阐述。

全书既有历史的考察，也有现实的清理；既有理论的阐述，又有实例的剖析，以全新的视角、精当的论证让我们对教师发展的研究有了更加深刻和清醒的认识。尤其难能可贵的是作者指出了教师发展研究的三个重要转向，表明了未来的研究趋势：教师职业由强调其工具价值转向内在价值，教师发展由强调外部动力转向重视内部动机，教师工作由关注结果转向关注过程。

《网络社会与学校教育》

马和民、吴瑞君

马和民，华东师范大学教授，基础教育改革与发展研究所专职研究员。主要从事教育基本理论、教育社会学、教育研究方法、教育技术哲学等学科的研究。曾参与编撰《教育大辞典》和《当代教育学》等。

吴瑞君，华东师范大学法学博士。主要研究领域为人口经济学、人口统计学、老年保障学、独生子女问题等。

本书共分十章，分别探讨了新传媒与网络社会、网络人口与教育、网络文化和文化冲突、电子家庭与网络社区、网络社会与儿童发展、电脑游戏与儿童思维、网络教育与学校教育、网络教育中的师生关系、网络社会的学习与能力、网络教育革命与学校教育转型等问题。深入解析了网络社会的特征、网络社会中的文化和个体发展、网络教育及其中的师生关系、网络社会中的学习和学校教育的转型等诸多侧面。这些问题是每一个关心教育、研究教育和从事教育实践的人所共同关注和需要了解的。本书是国内教育理论图书中第一部研究网络社会中的学校教育与人的发展

的著作，全书具有一定的前瞻性和探索性，其资料占有充分，论述精辟，见解独到。

《走进新课程：与课程实施者对话》

朱慕菊

朱慕菊，现任中国教育部基础教育司副司长。

本书是为了准确和深入浅出地阐释《基础教育课程改革纲要（试行）》的基本内容，受教育部基础教育司委托而编写的。

本书以素质教育思想为指导，从解答广大教育工作者在学习、阅读《纲要》过程中所产生的疑惑入手，条分缕析地阐述了《纲要》所涉及的核心概念、新的课程理念和对推进新课程工作的思考。本书选取了课程改革的背景和目标、课程结构、新课程标准、新课程与新教学改革、新课程评价、新课程的管理、课程资源、新课程的组织与推进等广大课程实施者普遍关心的热点专题进行了重点论述。全书采用的是一种互动式的一问一答的形式，所提出的问题环环相扣、步步深入，引人探幽入胜。本书可供广大中小学教师、教科研人员和高校教师参考阅读。

《向瑞吉欧学习什么——〈儿童的一百种语言〉解读》

屠美如

屠美如，当代幼儿艺术教育专家，南京师范大学教授。

瑞吉欧是意大利东北部的一座城市，自 20 世纪 60 年代以来，洛利斯·马拉古齐和当地的幼教工作者一起兴办并发展了该地的学前教育。数十年的艰苦创业，使意大利在举世闻名的蒙台梭利之后，又形成了一套"独特与革新的哲学和课程假设，学校组织方法以及环境设计的原则"。人们称这个综合体为"瑞吉欧·艾米里亚教育取向"。

瑞吉欧的教育取向有三个方面的传统影响：一是欧美主流的进步主义教育；二是皮亚杰和维果斯基等心理学家的建构心理学；三是意大利学前教育传统及战后左派改革政治。在这三者交互影响下，形成了瑞吉欧教育的主流理念，即摈弃绝对以儿童为中心、忽略教师作用的放任自流式教育，强调团体中心、关系中心，构建孩子与教师、成人一起游戏、工作、说话、思考、发明的课程模式；为孩子提供自主、自由建构主客观经验的时空环境，同时也创造一种文化，使孩子在相互合作和社会化的气氛中不断获得一百种主客观经验；倡导儿童运用多种语言进行认知、表达和沟通，获得完整的感觉经验。

　　瑞吉欧幼儿教育的创办者为他们在世界各地的成果巡回展起了一个富有诗意的名字"儿童的一百种语言"，这里的语言泛指文字、动作、图形、绘画、建筑、雕塑、皮影戏、拼贴、戏剧或音乐等多种活动形式以及丰富媒介材料。"儿童的一百种语言"意指儿童有权利也有能力运用除口头、文字语言外的诸多种方式，用各种材料去认识他周围的世界，表达自己的思想、情感。这个标题饱含着瑞吉欧创办者对儿童无限潜能的尊重、赞赏和期待，同时也体现了瑞吉欧幼儿教育的价值追求——发展儿童的一百种语言，让他们获得完整的生命经验。

　　《儿童的一百种语言》正是在瑞吉欧幼儿教育思潮的影响下，由美国凯罗琳·爱德华、莱拉·甘迪尼、乔奇·福尔曼三位教授合著的一本书，这本书是对瑞吉欧·艾米里亚的教育取向进一步的反响。它比较全面地从历史层面、哲学层面、环境设施、课程与教学法、教师、家长、组织机构等方面作了全方位的介绍。同时也描述了瑞吉欧·艾米里亚的教育在美国课程的延伸和应用，反映出人们对"瑞吉欧·艾米里亚教育取向"的强烈兴趣和深刻的思考。本书是对《儿童的一百种语言》的解读。

《教育的理想与信念》

肖　川

肖川，北京师范大学教育学院教授，英国教育哲学协会国际会员。研究领域包括教育原理、教育文化学、师资培训、道德教育、课程与教学。主要教育著作有《教育与文化》、《教育的理想与信念》、《主体性道德人格教育》、《教育的视界》、《教师：与新课程共成长》、《教育的智慧与真情》、《办好学校的策略》、《基础教育课程改革关键词》、《造就自主发展的人》、《教育的使命与责任》等。

本书是作者历时 10 年写就的一本教育随笔。书中涉及教育学众多的重要领域和主题，包括教育的真义、教育的价值、教育与社会、教育与生活、教师的学习与成长等60 多篇文章，构成"与经典为友"、"教育的意蕴"、"审视教育目标"、"教育的灵魂"、"教师的学习与成长"、"完美的教学"、"教育的期待"、"真诚的言说"等十个单元。

在肖川看来，"如果一个人从来没有感受到人性光辉的沐浴，从来没有走进过一个丰富而美好的精神世界，如果从来没有读到过一本令他（她）激动不已、百读不厌的读物，从来没有苦苦地思索过某一个问题，如果从来没有一个令他（她）乐此不疲、废寝忘食的活动领域，从来没有过一次刻骨铭心的经历和体验，如果从来没有对自然界的多样与和谐产生过深深的敬畏，从来没有对人类创造的灿烂文化发出过由衷的赞叹……那么，他（她）就没有受到过真正的教育"。按照他的理解，教育的目的就是使受教育者成为有自由意志和人格尊严的、具体的、现实的个体。

肖川说："教师是学生成长的引领者，教师是学生潜能的唤醒者，教师是教育内容的研究者，教师是教育艺术的探索者，教师是学生知识建构的促进者，教师是学校制度的参与者，教师是

中国

173

校本课程的开发者，教师更是自己幸福生活的创造者。"教师的职业是一种专业。这意味着教师劳动具有创造性和复杂性。从教学新手到专家型的教师，其间有一个专业成熟的过程。

肖川认为，理想的教学是一种完美的教学，而完美的教学有两个不可缺少的要件，一是深刻，二是真诚。所谓"深刻"，就是教师能够给予学生匠心独运、别有洞天之感，能够唤起学生的惊异感和想象力，能够使学生茅塞顿开、忽然开朗。所谓"真诚"，就是师生之间坦诚率直，一言一行都发自内心。

肖川认为，完美的教学收获的不仅包括认知的概念、定义、原理（公理、定理）、公式、基本事实等等的掌握以及认知策略的完善，也应包括态度的改变，价值观的丰富与提升，所经受到的理智的挑战和内心的震撼，所获得的感动和鼓舞，以及精神的陶冶和心灵的净化，等等。一言以蔽之，完美的教学能够唤醒沉睡的潜能，激活封存的记忆，开启幽闭的心智，释放禁锢的情愫。完美的教学能够唤起学生对现实生活的热爱与柔情，对未来生活的憧憬与乐观，对光明和美满的期待与渴求；能够以新的眼光审视生活、洞察人情物理。

《教育新理念》

袁振国

袁振国，中央教育科学研究所所长，全国教育科学规划领导小组办公室主任。

全书共分七章，分别是课堂教学的革命，学科教育的新视野，素质教育——跨世纪的教育理想，对理想教育的追求，教育研究重心的转移。作者以轻松、流畅的笔调从课堂教学、学科教育、教育实践、人文教育、理想教育等方面作了深刻的阐述；以通俗、朴实的语言，剖析、总结了现行教育教学中存在的盲点和缺陷；以翔实的数据、鲜活的事例论证了各个历史时期中外教育名家的理论精华。

该书的实践指向性很强，从课堂教学再深入到具体学科教育，从现实的素质教育再到未来的理想教育，最后从教师的教育教学实践转到教育研究重心的转移。该书从实践活动的现状出发，构建教育科学的理论体系，没有简单地从实践的顺序出发而是对实践有所提炼、概括，书中的观点也体现了教育科学的前沿，每个章节、段落均有许多读来自己想说而没有说出口或者没有能力说出口的睿智，展示了教育科学的科学美。

《国际教育新理念》

顾明远、孟繁华

顾明远，北京师范大学教授。曾任世界比较教育联合会副主席、北师大副校长、北师大研究生院院长等。1991 年被评为全国优秀教师，1999 年获北京市优秀"人民教师"称号。主要著作有

《鲁迅的教育和实践》（合著）、《比较教育》（合著）、《教育学》（合著）、《中学实用教育学》（主编）、《世界教育发展的启示》（主编）、《教育大辞典》（12卷本、增订合编本2卷）、《战后苏联教育研究》（合著）、《外国教育督导》（主编）、《比较教育导论》（合著）、《我的教育探索》、《中国教育大系》、《世界教育大系》、《国际教育新理念》等。

孟繁华，首都师范大学教育科学学院教授。

顾明远先生在《国际教育新理念》序言中说："一个成功的教师，首先是一个善于不断自我更新观念的学习者，只有在及时地汲取当代最新教育科研成果的基础上，才能立于不败之地。"

《国际教育新理念》一书给我们提供了最新的教育前沿理论，用较通俗的语言对国际教育新理念进行了较全面的阐述，全书包括三部分：宏观教育理念、一般教育理念、教与学的理念。宏观教育理念部分从理论上较详细地论述了当今教育领域的两大宏观理念：终身教育和学习化社会，它是其他层次教育理念的基础，对其他教育理念居于支配地位；一般教育理念部分对环境教育、生态教育、合作教育、全民教育、建构主义教育等教育理念进行了介绍，较好地体现了当今时代的特点。第三部分"教与学的理念"从发展性教学理论、掌握学习理论、范例教学、交往教学、教学过程最优化等方面全方位阐述了教与学的理念。

《教师如何做研究》

郑金洲

郑金洲，华东师范大学教授。

中小学教育发展到今天，正由于社会需求的变化，学生个体身心状态的变化以及新课程改革的推进等，面临形形色色的新问题。要解决这些新问题，需要中小学从事教育科研活动，借助于研究找到解决问题的新途径、新方法。但在研究中，要直面学校实际，以改进学校实践活动、提升学校教师教学教学水平为目的，以能否解决学校问题、多大程度上解决学校问题作为衡量和评判学校教育科研的主要依据和标准，这样的研究，才能真正成为学校发展的助推器，成为学校改革的新动机。然而，教育科研正成为不少学校运行中的"鸡肋"。不少学校中存在学校教育科研存在的种种误区——求新求异，贪大求全，跟风追潮，课题至上，论文情结，穿凿附会（一线教师向专业研究者看齐，进行所谓的理论研究）等。本书的出版恰逢其时。

本书共10个章节。分别为"改进实践：中小学教育科研的指向"；"行动研究：教师教育研究的定位"；"从实际中来：研究问题的确定"；"从计划到反思：研究的基本程序"；"在过程中生成：研究方案的制定"；"教育日志：教育研究成果表达形式之

一"；"教育叙事：研究成果表达形式之二"；"教育案例：研究成果表达形式之三"；"教育反思：研究成果表达形式之四"；"教学课例：研究成果表达形式之五"。

本书试图回答：为什么教师做了十几年的教育研究，成效却不显著？教师的教育研究与专业研究者的教育研究有何区别？如何在教育研究实践活动中体现出这些区别？教师应该搭建起怎样的教育研究平台？适合教师实际需求便于教师操作的教育研究方法有哪些？这些研究方法如何才能成为教师职业生存方式的利器？

本书是最为通俗的中小学教师科研指导用书，书中附有大量案例，作者结合案例一一细致地讲解教师常用的科研方法。本书部分案例曾在《人民教育》专栏连载，引起教师热烈反响。本书适合做教师培训、教师专业发展指导用书。

《教学工作漫谈》

魏书生

魏书生，当代教育改革家，全国教育科学规划领导小组成员、中国中学学习科学研究会理事长、全国中语会副理事长。著有《班主任工作漫谈》、《教学工作漫谈》、《好父母 好家教》、《好学生 好学法》等。

魏书生被认为是最具影响力的班主任之一，他的教改严整而科学，他的教育理念极具前瞻性。他的互动教学、以学生为学习主体的教育方式，民主科学的管理指导思想，已成为新一轮教育改革的重要内容。本书从教书、育人、修身、管理等四大方面的100多中实际情况展开漫谈，涵盖了以教书育人为主题的全方位教育、教学、管理的策略和实施方法。书中从教师自身定位、以学生为主体到发展综合素质、科学民主的管理措施，从指导思想到工作细节，以大量生动感人的事例，全面阐述了作者的教育教学工作经验。

他从自己的亲身经历中感悟到，在工厂做工时费尽了千辛万苦，抛弃了人们羡慕的工作来到了学校，根本原因就是想多培育一些正直、善良、勤劳、无私、为人民做实事的人。他认为：育人是个人心理的需要，是学生切身利益的需要，是人民的需要，是国家的需要，是党的利益的需要，是学科性质的需要，是提高成绩的需要。

他认为，班集体是将学生载向远大前程的渡船，是培养学生生命的幼苗在合适的阳光、土壤、肥料、水分中长大的园地，是学生走向社会各个不同岗位的实习场所、实习小社会，是学生德智体美劳得到最大限度发展的培训基地。所以根据教育目的严格按中学生守则去培养学生。要全心全意，不遗余力地培养"五讲四美"、"四有"、"三热爱"的一代新人。

他指出，教学要完成在育人之中，也包括将学生培育成学好知识的主人的内容，他把学生分为两类，一部分是学习的主人，一部分是学习的奴隶。前一部分学习目的强，有的理想还比较大，学习方动性、积极性高，知道每天的任务。而后者表现为：为避免父母的指责或老师的批评而学习。他们缺少或没有学习的积极

中国

性、主动性、有得过且过的心理。学习成了他们的负担、包袱、成了一种痛苦。

怎样使学生成为学习的主人？从以下几方面入手：一是教师要树立为学生服务的思想。也就是教师不能强迫学生适应自己，而应努力研究学生的学习心理、原有的知识水平、接受能力，以使自己的教学适应学生的需要。为了使学生学有所得，宁肯把教学目标订得低些，使学生经过努力能实现。二是建立互助的师生关系。教与学之间的关系，绝不是教师居高临下，我讲你听，我管理你服从容的关系，而应该是互助的平等的关系，一方面，教师帮助学生学习，另一方面，学生帮助教师教学。帮助二字很重要，帮助学生学习，就不是强迫、命令学生学习。

他强调，要发展学生的人性与个性。学生要成为学习的主人，就必须自觉地发展自己人性的成分，发展自己心灵深处真善美的成分，由自在的人变成自为的人。

《赏识你的学生》

孟繁华

孟繁华，首都师范大学教育科学学院教授。

《赏识你的学生》是一本新课标教师培训教材。书中以生动活泼的案例，通俗浅白的语言，从教师、学生、家长的视角，全方位地展示了编者的意图：期待每个教师都能够赏识自己的学生，进而享受到被赏识者成功的喜悦和快乐——相信这是每一个为人师者的幸福和快乐。

全书共 7 章，70 多篇文章。第一章"我交给你们一个孩子"；第二章"老师，您听我说"；第三章"每个人都是天才"；第四章"一生的感谢"；第五章"就这样被你感动"；第六章"师心深处"；第七章"恨铁就能成钢吗"。每篇文章都是一个真实的故事或经典案例，并附有家长留言、专家评析和思考与探索。一个个闪现着教育智慧火花的精彩案例，令人深思，感慨万千：有已为人父人母的过来人对教育的感激和期盼，有一个个曾经或正在困扰着众多教师的教育话题的思考与讨论，更有专家理性深入的点评分析为我们指点迷津。

附录中则收入了具有激励作用的评价性语句，以及建议阅读的书刊和网站目录。该书具有很强的可读性、趣味性，同时又针对教师群体，具有指导示范作用。

这本书向读者再次说明一个观点：没有教不好的学生，只有不好的教育。当我们一个劲地埋怨学生的时候，赶紧拿起书来充实一下自己吧，让自己眼界更开阔，让自己多一份包容，多一份关爱，多一份赏识。

中

国

《为了自由呼吸的教育》

李希贵

李希贵，山东省潍坊市教育局局长。曾主持国家级研究课题"语文实验室计划"。主要著作有《教育艺术随想录》、《中学语文教改实验研究》、《为了自由呼吸的教育》等。

本书共分四个篇章，三条线索，第一条是教学线，主要是写语文教改的起因和过程，重点介绍了"语文实验室计划"。第二条是教育线，主要是写作者的学生观的变化。第三条是管理线，主要是写作者从管理一所学校到管理一个县的教育，进而到管理一个地级市的教育。而统领这三者的便是一种"人"的精神，一种尊重人、欣赏人、珍爱人的可贵思想。

在教学中，李希贵从一个语文教师干起，开始了对教育的实践与感悟，奠定了他的教育理想的基础，以自己的语文教学实践与改革为依托，为我们展示了一幅非常动人的语文教学图景，但最可贵的则是其中闪耀的人文思想的火花。他所提出的许多语文教学方法改革，如"每天十分钟阅读"、"语文实验室计划"等虽然冒着极大的风险，但最终都取得了巨大的成功。

在教育中，他深刻反思了自己学生观的渐变过程，并一步步将"以人为本"的思想全面地融入自己的学生观中。他注重经营学校文化，提出极具个性化的校训，内化为每一个人的生命动力。他始终站在学生和教师的角度思考问题，认为作为一位校长，成就教师与成就学生一样重要，要重视教师的巨大作用。

在管理中，他以营造"自由呼吸的教育"为使命，进行了一系列有益的探索。在高密，他立志于让高密的孩子接受更好的教育；在潍坊，他致力于新课程改革，着力打造教育强市。他将西方企业管理中的一些新思想、新点子创造性地运用到自己的教育管理实践中，并取得了很大的成效。

《教育哲学通论》

黄 济

黄济，北京师范大学教授，《中国大百科全书》教育卷教育科学分支副主编，国务院学位委员会第二届教育学心理学学科评议组成员。主要著作有《教育学》、《教育哲学》、《教育哲学通论》等。

本书是黄济教授的一部教育哲学研究专著，包括中国传统教育哲学思想；现代西方教育哲学流派；教育哲学的基本问题三编内容。本书按照"古今贯通，中西融合"的研究思路，对教育哲学一科作了迄今为止最为系统的总结和评价，在吸收古今中外教育哲学思想精华的基础上，结合当今教育实际问题，构建

中 国

183

起了一个既有民族特点又有现代意识的教育哲学体系。其资料的丰富性、体系的完备性、论证的科学性以及视野的开阔性，在国内同类著作中独树一帜，是广大教育哲学研究和教学工作者的参考用书。

《玫瑰与教育》

窦桂梅

窦桂梅，北京清华大学附小副校长，全国中小学整体改革专业委员会学术委员，国家"九五"重点课题语文教材编写组编委。主要著作有《为生命奠基》、《我们一起成长》、《窦桂梅阅读教学精品录》、《爱与爱的交流——窦桂梅学生作文选》等。

这本书一共有四辑：第一辑写作者的教学反思、由孩子身上引发的对家庭教育的思考以及其中与朋友的交流、与《人民教育》的交流等；第二辑主要写作者在语文教学的所做、所想；第三辑写作者到日本参观的所见、所感，特别对于中国和日本教育的对比与不同有了很深的体会；第四辑在白纸黑字的沃野上，写了作者博览群书的读后感。

本书记载着有关作者和教育的故事，记录着作者教育生命一次次花开的轨迹，为学生创设了广阔的心灵和精神空间，同时以情动人，以自己的火点燃了学生，使整个教学过程成为关注和丰富情感世界的过程，成为智慧生成和人生态度、生活品质提升的过程。

《学与教的心理学》

皮连生

皮连生，当代教育心理学家，华东师范大学教授。

《学与教的心理学》一书以学校学习和教学中的心理学问题为基本线索，根据德、智、体全面发展的教育目标，介绍和剖析学与教的重要方面和主要环节的心理学理论与应用。其中的《教师与学生心理》部分，揭示了基础教育存在的问题及成因，给出了解决这些问题的指导性办法。这部分可列成16个条目：教师职业所需要的特殊品质、影响教师职业成就的重要因素、皮格马利翁效应、专家教师与新教师差异的表现、新教师的成长途径、学生心理发展的教育意义、学生的认知发展与教育、人格的发展阶段——心理社会发展理论、影响人格发展的社会化因素、学生的认知差异及其教育意义、同质分组因材施教、分工协作全面提高、启动师生员工努力向上的内动力、布卢姆的主要贡献、特殊儿童（不包括聋、哑、盲儿童）、保证义务教育质量的一个至关重要的问题。

本书打破了公共课心理学教材长期沿用的普通心理学体系，

中国

采取了以学校学习和教学中的心理学问题为基本线索。根据我国德、智、体全面发展的教育目标，介绍和剖析学与教的重要方面和主要环节的心理学理论与应用。将普通心理学、儿童发展心理学、学科心理学和社会心理学等各门学科中有关的重要内容融为一体。

《爱心与教育——素质教育探索手记》

李镇西

李镇西，中学语文老师，长期致力于民主教育和语文人格教育的研究与探索。

本书通过大量生动感人的案例，以手记的形式集中体现了李镇西老师多年来对素质教育的的研究和实践。在这本书的扉页中，作者写了两句话：以心灵赢得心灵，用人格塑造人格。作者认为在素质教育的大旗上，有一个大写的人字：它是目中有人的教育，是充满人性、人情和人道的教育，是为了一切人全面发展的教育！

他认为，素质教育绝不仅仅是教育技术层面的事，它首先是一种充满情感的教育，是充分体现教育者爱心与童心的教育，是"心心相印的活动"。离开了情感，一切教育都无从谈起。爱学生，就必须善于走进学生的情感世界，就必须把自己当做学生的朋友，去感受他们的喜怒哀乐。我们对学生的爱，不应是居高临下的平易近人，而是发自肺腑的对朋友的爱。爱心和童心，是教育事业永不言败的一道防线。

　　作者还认为，素质教育是既面向全体学生，又针对每一个学生的特点的教育。其中，当然包括对优生的培养。面对优生，教育者在深感幸运的同时，更应该意识到：优生教育的艰巨性、复杂性，绝对不亚于对其他学生的教育。淡化优生意识，帮助他们去掉自己头上的光环，恢复普通学生的感觉，使他们保持一颗淳朴的童心，让他们在顺境中不断战胜自我。

《学无止境》

罗马俱乐部

　　罗马俱乐部，罗马俱乐部是关于未来学研究的国际性民间学术团体，也是一个研讨全球问题的全球智囊组织。成立于1968年4月，总部设在意大利罗马。其宗旨是研究未来的科学技术革命对人类发展的影响，通过对人口、粮食、工业化、污染、资源、贫困、教育等全球性问题的系统研究，提高公众的全球意识，敦促国际组织和各国有关部门改革社会和政治制度，并采取必要的社会和政治行动，以改善全球管理，使人类摆脱所面临的困境。该组织把它的成员数量限制在300人以内，以保持其小规模的、松散的国际组织的特点。成员大多是关注人类未来的世界或各国的知名科学家、企业家、经济学家、社会学家、教育家、国际组织高级公务员和政治家等。2001年成立了tt30组织，是由30岁左右的年轻人组成的智囊团。

　　本报告由罗马俱乐部的三名研究成员博特金、埃尔曼杰拉、马利察共同提交。詹姆斯·博特金，美国哈佛大学教育学院教育问题专家。马迪·埃尔曼杰拉，摩洛哥科学院院士，世界未来研究联盟主席，曾在联合国教科文组织任要职。米尔恰·马利察，罗马尼亚科学院院士，曾任罗马尼亚教育部部长。

这份研究报告全称为《回答未来的挑战：罗马俱乐部的研究报告〈学无止境〉》，三位作者都是世界著名的学者和社会活动家，他们在研究"人类困境"问题过程中，提出了学习、学无止境的问题。

《学无止境》中提到，人类正进入一个面临有多种多样抉择的时期，科学技术的发展带来了无与伦比的知识和力量，而一个全球问题突然降临在人的面前。在这种背景下，史无前例的人类的自我实现和最终灾难这两种极端的可能都会发生。全球问题，首先是人的问题。作为人的问题，必然包括我们的一切脆弱性和潜力这两个方面。对全球问题做出恰当的估价和反应，不仅涉及我们妥善处理问题的能力，而且也是我们觉察、理解、采取措施去解决现在的问题，以及预见、防止、处理未来问题的能力和意愿。

报告强调指出："对于我们来说，学习意味着对知识、对生活的接近，它强调主动精神，它包括获得和实践为生活在一个变化的世界上所必需的新的方法论、新的技能、新的态度和新的价值，学习是预备处理新的情况的过程。"也就是说，学习在人类面对并解决全球挑战过程中起着至关重要的作用。

书中将学习划为两种不同的类型：常规性学习和创新性学习，并借此发表自己关于"创新性学习"的观点。

常规性学习，就是为了获得处理已知的知识、思想、方法和规则而进行的学习，这是一种旨在维持现在固定的生活方式的学习。它是维持每个社会的运转和稳定所必不可少的。但是在全球问题面前，人类仅仅停留在常规性学习阶段是远远不够的，它将

其

他

189

使人类日益受到世界震荡的威胁，所以极力主张创新的学习。

书中认为，和常规的学习不同，"创新的学习是准备个人和社会同新情况、尤其是同人类自身所创造的情况相一致地活动的必要手段"，"创新的学习是解决任何全球问题不可缺少的前提"。创新性学习将会在人类未来发展中发挥巨大作用。原因在于创新的学习具有两个特征：预期性和参与性。

预期与适应形成鲜明的对照。如果说，适应是对外部压力的调节的话，那么，预期则包含了为可能发生的偶然事件做好准备和考虑未来的各种选择的导向。预期性学习可以帮助人们准备使用诸如预报、模拟、情景描述和模型等技术，它鼓励人们考虑未来发展趋势，预见现在的决定在未来的后果和可能的有害副作用，它的目的是避开由世界震荡引起的学习所造成的创伤。它强调的是未来时态，而不是过去时态。

如果说预期是一种偏重于理性的精神活动，那么，参与则是一种直接实践的社会活动。参与的权利是和学习的权利完整地联结在一起的。个人通过参与，可以在社会的相互作用中去学习，社会则通过集团和个人的参与，从中来进行学习。由此来看，个人的学习与社会的学习是交互进行的。

这份研究报告的主旨告诉了人们如何通过学习来发挥人的潜力，提高人解决复杂问题的能力，面对人类的困境，迎接未来日益严峻的挑战。作者提出的方案是改革传统的，面向过去和现在的"适应性学习"，推行面向未来的"创新性学习"。

尽管《学无止境》所阐明的学习观念是针对"人类困境"问题而展开的，但实际上说明了如何通过学习迎接未来社会发展的问题。在学习观念的性质上，与我们适应知识经济时代的要求是基本吻合的。这份研究报告的问世，受到了各国学术界、教育界的高度重视，在学习观念上，引发了一场学习的革命。

《学会生存——教育世界的今天和明天》

联合国教科文组织国际教育发展委员会

联合国教育、科学及文化组织（UNESCO），创建于1945年11月16日，到2008年拥有会员国191个。该组织为自己确定的宏伟目标是：通过教育、科学、文化与传播，于人之思想中建设和平。在教育领域的计划旨在实现所有级别持续一生的全民教育目标。国际教育发展委员会是其下属专业委员会之一。

1970年是国际教育年。当年12月，联合国教科文组织根据第十六届会议通过的1－131号决议，授权总干事勒内·马厄负责建立国际教育委员会，这个委员会的任务是研究世界教育形势和改革，并要求提供一份研究报告，供联合国教科文组织及各会员国在制定教育策略时参考。报告还应该能够指导联合国第二个发展十年期间的国际间的教育合作以及联合国教科文组织的工作。

1971年初，国际教育发展委员会成立。勒内·马厄函邀请法国前总理埃德加·富尔担任该委员会的主席，并任命其他6位文化和专业背景不同的各国著名教育专家为委员。于1971年开始，

其他

该委员会先后同苏联、美国、阿尔及利亚、新加坡、瑞典等23个国家以及13个国际与区域组织召开6次会议，研究70多篇有关世界教育形势和改革的文章，并对联合国系统内有关组织进行了调查，研究参考了联合国教科文组织25年来所积累的大量文献资料后，于1972年5月18日向总干事提交了这份国际著名的教育报告。

这份报告在1972年出版后的两年里先后被译成33种文字、39种版本，对许多国家的教育工作者和实际工作都产生了深远的影响，同时也直接推动了20世纪60年代形成的终身教育思想的传播，并成为世界上许多国家进行教育改革、制定教育政策的理论依据和核心思想。因而被认为是"影响当代世界教育进程的重要文献"和"当代教育思想发展中的一个里程碑"。

该书把保罗·郎格朗倡导的终身教育思想向前推进了，主要表现在将终身教育思想的实施同创建"学习化社会"结合起来。"学习化社会"是指学习成为整个社会成员一项经常的重要活动的一种时代标志。创建学习化社会有赖于终身教育思想的普及，又有利于终身教育的实施与提高。

该报告分为四部分，共九章。第一部分为《序言》；第二部分《研究的结果》，包括1~3章内容：教育的问题、进步与极限、教育与社会；第三部分《未来》，包括4~6章内容：挑战、发现、目的；第四部分《向学习化社会前进》，包括7~9章内容：教育策略的作用与功能、当前策略的要素、团结之路。全书从回顾教育发展的历史谈起，着重阐述了当今世界教育面临的挑战与主要发展方向，指出了关于实现教育革新的一些策略和途径，以及最终走向学习化社会的道路，最后论述了教育的国际合作问题。

报告指出，每个国家的教育都受到自己的历史与传统的深刻影响，这种影响既有消极地又有积极的。这就为当代教育提出了问题：继承与革新。继承传统教育进步的一方面，消除历史中消极的一方面。在解决这些问题的过程中，提出了当代教育中出现的新现象：一是"教育先行"，也就是教育界大力主张并倡导的教育要先于经济的发展；二是"教育预见"，即教育要为未来的社会培养人才；三是"社会拒绝使用学校的毕业生"，也就是要求我们要根据市场和社会的需要来培养人才，改变学校的培养目标。

报告认为，教育改革问题的实质就是处理好教育与社会、教育与被教育者、教育与知识之间的关系。教育与社会的问题要同时克服才能促进问题的解决，因为，教育的改革是以促进经济和社会的发展为目标的，而社会的发展要受到教育发展的重要影响。因此，在教育的改革中，要将教育与社会紧密结合，在社会中创造出合适的教育体系。

报告指出，科技进步对教育所产生的影响有：学习过程代替了教学过程；对整个教育体系进行了改革。因此，教育应该利用科学技术所带来的新的教学方法和工具去满足更多的教育需求，解决更多的教育问题。但是，报告又指出，科技永远不能代替人的力量，大力发展潜在的人力资源仍然是这个时代教育的主要目标。教育要在两方面使人们做好准备：一是培养一种主动、积极、进取的精神状态；二是教育要能够纠正个人和社会发展中的各种

其他

193

缺点。

报告指出，教育政策反映了一个国家整体的文化、价值观念和国家政策，因此，制定教育政策是一个慎重思考的过程，本章对教育政策的选择、方向、方法和特征进行了论述。教育策略是将教育政策转化为更具体的、更具有操作性和针对性的指导性决定，和教育政策有着密切的联系。还强调指出，制定教育政策和策略时要有整体的观念。

报告还对教育改革的途径进行了论述，并提出了教育改革的21条原则。在这些原则当中，最重要的是提出了终身教育的原则和建立学习化社会的要求。指出终身教育的思想应该成为未来各国制定教育政策的主导思想。而终身教育又是建立学习化社会的基础，因此，要首先对现有的教育体系进行改革和完善，其次是寻求新的教育资源和途径。

教育的发展需要各个国家互相帮助、互相提供资源，同时指出，首先要加强国际间智力上和行动上的合作；其次，加强发达国家对发展中国家的援助。强调每一个国家都有义务与其他国家合作，并对国际间教育的合作进行了阐述，提出了合作的原因、合作的经验与方式等，指出只有运用本国的教育工作者、研究人员和所有相关人员的创造精神和专业特长，再加上国际组织的协助才能找到真正的合作途径。

《教育——财富蕴藏其中》

联合国教科文组织国际 **21** 世纪教育委员会

国际 21 世纪教育委员会是联合国教科文组织在教育方面的专业委员会之一。

1996 年，由前欧盟主席雅克·德洛尔担任主席的"国际 21 世纪教育委员会"向联合国教科文组织提交了他们的研究报告，即"德洛尔委员会报告"。该报告受拉封丹（jeande la – fontaine）的寓言诗《农夫和他的孩子们》中的一句话"千万不要把祖先留给我们的产业卖掉，因为财富蕴藏其中"的启发，把题目确定为"教育——财富蕴藏其中"。

本报告是联合国教科文组织三年间在世界范围广泛咨询和分析过程的成果。本报告通过对整个世界教育的考察，着眼于 21 世纪人类发展的秩序和教育的目的，对教育的未来进行总体性思考的一部经典之作，是具有里程碑意义的全球性教育文献。

本报告共分四个部分。第一部分——前景，包括：从基层社会到世界性社会（第 1 章），从社会团结到民主参与（第 2 章），从经济增长到人的发展（第 3 章）。第二部分——原则，包括：教育的四个支柱（第 4 章），终身教育（第 5 章）。第三部分——方针，包括：从基础教育到大学（第 6 章），教师在探索新的前

其他

景（第 7 章），教育的选择：政治当局的作用（第 8 章），国际合作：地球村的教育问题（第 9 章）。另有结束语和 8 个附件。

报告指出，教育在个人发展和社会发展中都起着基础性的重要作用。它是促成更深刻、更和谐的人类发展并借以减少贫困、排斥、愚昧、压迫和战争的主要手段之一。以全球化为主宰的未来世纪将会带来长期的矛盾：世界与地方的矛盾，宇宙与个体的矛盾，传统与现代的矛盾，长远利益和眼前利益的矛盾，竞争与机会均等的矛盾，知识的无限增长和人类吸收知识的有限能力的矛盾，精神与物质的矛盾等等。不管文化如何多样，也无论社会组织制度怎样不同，但有一个挑战是四海皆同的，这就是重铸创造并保持社会和谐的民主理想。

21 世纪支撑教育的四个支柱是学会认知，学会做事，学会发展，学会共同生活；在这四个支柱的基础上，所有社会都应迈向一个必然的理想王国，在这个"王国"里，每个人身上像宝库一样被埋藏的才能都会得到充分开发而不致被埋没。"四大支柱"的思想是在纷繁复杂的情况中提炼出的未来社会的最基本要求，高度概括且内涵深刻，它回答了教育的核心是做人的教育，尤其重视学会共处这个做人做事的基础，而学习的关键是掌握知识和处理信息的能力。

报告从新的视角探讨了学习的阶段及沟通这些阶段的桥梁，借此新的方法，教育制度将更多样化，而每种教育制度的价值将更加得到提升。如果说普及基础教育是一种绝对的必需，那么，中等教育在年轻人各自的学习道路上和在社会的发展过程中，就有着不可或缺的作用，而高等教育机构则应多样化，以充分发挥它们作为知识中心、作为专业培训场所、作为终身学习的关口、作为国际合作的伙伴的功能和使命。

报告中对终身教育的论述是最有价值的内容之一。尤其是"把与生命有共同外延并已扩展到社会各个方面的这种连续性教育称之为终身教育"这一定义，表达了人类社会对这一现代现象的客观规律的最深刻的理性认识。并且更为可贵之处在于它提出"应重新思考和扩大'终身教育'这一观点的内涵"，提出了"终身学习是打开21世纪光明之门的钥匙"的科学论断。在崇尚终身教育的新世纪，"文凭"不再是"一纸定终身"，而是认可能够获得新鲜知识，在革新过程中能够积极参与至少能够适应变革的一种潜力。人只有掌握"学术的"、"职业性的"、"事业心和开拓性"三张证书，才能适应和通行于现代社会。报告认为"学习社会"建立在获得知识、更新知识、应用知识这三者基础之上，而这也是在教育过程中应强调的三个方面。报告还强调，即使在未来的"学习社会"中，正规教育体系即学校，仍将是每个人学习知识的基穿□而在这个基础教育的教育体系中，最核心的将是教师和学生的关系，没有其他东西（包括最先进的技术手段）能代替这种师生关系。可以说，德洛尔报告关于终身教育的论述是对《学会生存》的突破与发展。

报告指出：信息的发展速度是惊人的，它对学生也对学校教育产生了负面影响，由此，教师丧失了很大一部分属于他们的教育经验，必须面对的新任务：把学校办成更能吸引学生的场所，并向他们提供真正理解信息社会的钥匙。教师和学生要建立一种新的关系，从"独奏者"的角色过渡到"伴奏者"的角色，从此

其他

不再主要是传授知识，而是帮助学生去发现、组织、和管理知识，引导他们并塑造他们。人们要求教师既要有技能，又要有职业精神和奉献精神，这使得教师肩负的责任十分重大。人们对教师的要求甚多，而应予满足的要求又似乎是无限的。报告指出，教师组织与教育当局的对话应得到改进，首先要讨论教师的工作条件和工资问题；其次还应扩展到教师在规划和实施改革中应起中心作用的问题上。什么人可以成为一个好教师，如何培养和保护他们的积极性，并提高他们的教学质量？报告指出："对几乎所有的学生，尤其是尚未掌握思考和学习方法学生而言，教师仍是无法取代的"；"教师的巨大力量在于做出榜样"；"传授学习的兴趣，尤其是教师的责任"；"我们无论怎样强调教学质量亦即教师的质量的重要性都不会过分"。

报告强调了教师的关键作用和改善其培训、社会地位和工作条件的必要性。在一个日益受技术左右的世界，必须同时强调利用技术以服务于教育的方法，强调如何培养人去掌握技术以服务于生活和工作。通过广泛的对话和增强各级教育所有受益方的责任感和参与程度来调整改革的战略，将是教育革新的一个关键因素。

报告在最后的章节中强烈地呼吁在国家和国际范围内增加用于教育的资源投入，同时呼吁可加强教育领域的国际合作，而联合国教科文组织在这种国际合作中将起关键的作用。